L'organisation en mouvement

Adopter le changement permanent

Eric Delavallée

Editions

Après avoir passé plus de dix ans dans le conseil en organisation et management (notamment au sein d'Entreprise & Personnel comme directeur du pôle Management), **Eric Delavallée** devient Directeur Général du groupe de presse Le Particulier (30 millions € de chiffre d'affaires et une centaine de salariés). A l'issue de cette expérience opérationnelle, il revient à son premier métier en fondant IM Conseil & Formation, structure spécialisée dans la transformation des organisations et le développement du management, qu'il dirige aujourd'hui. Titulaire d'un doctorat en sciences des organisations, il enseigne dans différentes institutions, notamment à l'IAE de Paris depuis plus de 20 ans, et est l'auteur de nombreux articles et de plusieurs ouvrages.

IM Editions
7, passage Olivier de Serres 75015 Paris

Image de couverture : Mellok © Getty Images
Code ISBN : 9781708888053

« On ne peut pas entrer deux fois dans le même fleuve »
Héraclite, Fragments

Table des matières

INTRODUCTION
Le changement change de nature

Pendant les travaux, la vente continue. Voilà comment les entreprises ont longtemps exposé leurs problèmes face au changement. Cette maxime illustre la difficulté d'allouer des ressources au changement quand celles-ci sont déjà mobilisées à 100% pour délivrer la production au quotidien. Mais aujourd'hui, et ce quel que soit leur secteur d'activité, les entreprises expriment une difficulté supplémentaire : le rythme des travaux s'est accéléré au point qu'il faut amorcer le chantier suivant avant d'avoir achevé le précédent. Les travaux sont, non plus temporaires, mais permanents.

Quand la périodicité des changements est plus courte que leur durée

En ce début de XXIème siècle, le changement organisationnel cesse d'être un moment en soi, borné dans le temps, avec un début et une fin. Il est devenu un processus permanent et continu. Comment expliquer cette transformation ? En s'accélérant, le rythme des modifications de l'environnement devient plus rapide que la capacité des entreprises à changer d'organisation.

Nous avons changé de monde. Hier, la périodicité des modifications de l'environnement -l'espace de temps qui sépare deux événements déclencheurs d'un changement (l'arrivée d'une nouvelle réglementation, l'entrée d'un nouveau concurrent sur le marché, l'apparition d'une nouvelle technologie…)- était supérieure à la durée des changements organisationnels, c'est-à-dire au temps qu'il fallait aux entreprises pour passer d'une organisation à l'autre. Les moments de changement encadraient alors des périodes de stabilité plus ou moins longues selon le degré de stabilité des secteurs d'activité. Aujourd'hui, ce n'est plus le cas : la périodicité des changements est devenue plus courte que leur durée de mise en œuvre. Ce phénomène s'observe dans la quasi-totalité des secteurs d'activité, y compris les plus conservateurs.

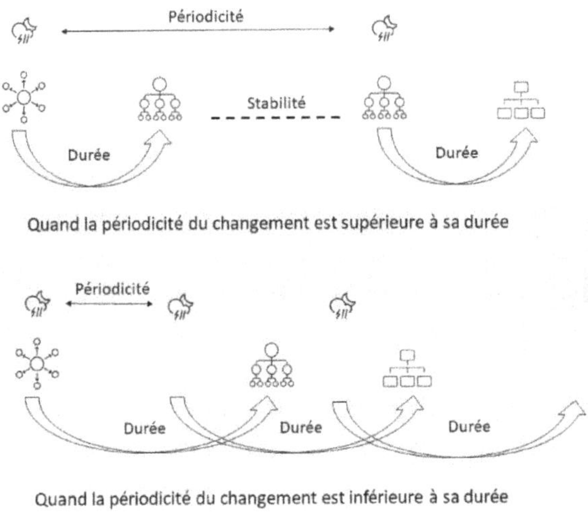

Figure N°1 :
Périodicité et durée des changements

Le rythme des modifications de l'environnement, et donc leur périodicité, varie bien entendu selon les secteurs. Il est, par exemple, plus rapide dans le secteur des microprocesseurs ou encore dans le digital que dans le domaine de la protection sociale. La capacité des entreprises à changer d'organisation est également variable : l'entreprise de microprocesseurs la plus bureaucratique se réorganise beaucoup plus rapidement que l'organisme de protection sociale le plus agile.

Ces dernières années, les entreprises de tous secteurs ont d'évidence beaucoup progressé en matière de management du changement. Elles ont nettement amélioré leur capacité à changer. Dorénavant, elles déploient leurs changements d'organisation avec un taux de réussite bien plus élevé, beaucoup plus rapidement et de manière bien plus efficiente. Seulement, dans tous les secteurs d'activité, le rythme des changements, dicté par la turbulence des environnements économique, technologique, socio-culturel, politique… s'est accéléré davantage. Cela explique pourquoi, malgré des variations sectorielles conséquentes, quel que soit le secteur d'activité, la périodicité des changements organisationnels est dorénavant plus courte que leur durée de mise en œuvre.

Du coup, les entreprises n'ont pas terminé un changement d'organisation qu'elles doivent déjà amorcer le suivant dans un enchaînement sans fin. Cela amène John Chambers, le *CEO* de CISCO, à affirmer que les entreprises se confrontent aujourd'hui davantage aux transitions du marché qu'à leurs propres concurrents.

Le changement organisationnel a bel et bien changé de nature. Il n'est plus possible aujourd'hui de l'envisager comme un moment en soi borné dans le temps avec un début et une fin. Il convient plutôt de l'appréhender comme un processus permanent et continu.

Refonder le design organisationnel

Des auteurs comme Richard d'Aveni (1994) ou Rita McGrath (2013) expliquent que l'accélération des évolutions d'environnement remet en cause la pérennité de toute forme d'avantage concurrentiel : ce qui permet de gagner à un moment donné est inopérant, voire contre-productif, quelque temps après. On distingue moins les gagnants des perdants par leur positionnement stratégique que par leur capacité à changer plus rapidement que leurs voisins. Cette modification des règles du jeu concurrentiel nécessite de repenser, voire de refonder, le design organisationnel.

La plupart des démarches de design organisationnel relèvent aujourd'hui encore de la logique de l'alignement stratégique. Cette approche, qui trouve ses origines dans les travaux de l'historien Alfred Chandler (1962), est composée de cinq grandes étapes : (1) modification substantielle du contexte d'action de l'entreprise ; (2) choix d'un positionnement concurrentiel différent et formalisation d'une nouvelle vision stratégique ; (3) constat que l'organisation en place ne permet pas de déployer cette nouvelle vision ; (4) design d'une nouvelle organisation alignée à la vision ; (5) mise en œuvre de la nouvelle organisation. Dans cette perspective, la question au cœur du design organisationnel est : « Comment concevoir une organisation permettant de déployer une vision stratégique donnée ? » Puis vient une question de conduite du changement que l'on peut formuler ainsi : « Comment mettre en œuvre une organisation conformément à la manière dont elle a été conçue ? »

L'approche de l'alignement stratégique a fait les beaux jours du design organisationnel. Mais, quand la périodicité des changements d'organisation est plus courte que leur durée de mise en œuvre, elle devient insuffisante. La vision stratégique ne peut plus être la principale porte d'entrée du design organisationnel puisqu'elle est caduque avant même d'être déployée. La question centrale n'est plus « Comment designer une organisation à partir d'une vision stratégique donnée ? » mais « Comment favoriser la capacité de changement d'une organisation pour faire face à des évolutions d'environnement permanentes, rapides et pour partie imprévisibles ? »

Dans un contexte de changement permanent, le design organisationnel doit alors être refondé autour de deux axes :

- diagnostiquer et concevoir une organisation sans faire explicitement référence à la vision stratégique qu'elle est censée déployer ;
- bâtir une démarche et un dispositif, non plus statiques, mais dynamiques.

Il s'agit, en quelque sorte, de passer de la photographie au cinéma. Il convient, non plus de prendre une photo au moment où on estime que les choses ont changé, mais de tourner un film de manière permanente et continue.

Trois convictions

Refonder le design organisationnel pour faire face au changement permanent : telle est l'ambition de cet ouvrage[1]. Il est le fruit d'une expérience de plus de 25 années et est issu de trois types de compétences complémentaires acquises tout au long de mon parcours professionnel.

Celle du consultant, d'abord, qui modélise et élabore des méthodologies pour accompagner ses clients. Celle de l'enseignant, ensuite, qui transmet des savoirs ancrés dans des théories éprouvées. Celle

[1] Les prémisses de cette approche se trouvent dans deux de mes précédents ouvrages en particulier : « Transformer son organisation. Alignement stratégique & Agilité organisationnelle » (Delavallée, 2016) et « Savoir décrypter les organisations » (Delavallée, 2018).

du dirigeant, enfin, qui orchestre et met en œuvre.

« Il n'y a rien de plus pratique qu'une bonne théorie » disait Kurt Lewin (1939). C'est vrai ! Mais les théories ne sont pas toutes bonnes. Dans tous les cas, pas toutes équivalentes du point de vue de leur utilité pour l'action. Il faut par conséquent être capable de séparer le bon grain de l'ivraie. C'est là qu'intervient ma troisième expérience : celle du dirigeant qui est passé de l'autre côté du miroir, qui a conduit des démarches de design organisationnel jusqu'à leur mise en œuvre effective, qui sait que le changement n'est jamais un long fleuve tranquille et que l'on ne se réorganise pas seulement en produisant de belles présentations *PowerPoint*, le fameux *Slides Management*. C'est en étant aux manettes que l'on peut sélectionner ce qui, d'un point de vue théorique, est plus ou moins utile pour l'action.

L'approche de design organisationnel refondé développée dans les pages qui suivent repose sur trois convictions confrontées à l'épreuve du terrain par le consultant et le dirigeant.

D'abord, dans un contexte en mouvement constant, les organisations ne peuvent plus être appréhendées de manière mécaniste comme des machines formées de rouages bien huilés. Elles doivent au contraire être pensées comme des compromis éphémères résultants de forces en tension à la fois complémentaires et antagonistes. Leurs dimensions verticale et horizontale, formelle et informelle, centrale et locale… s'entrechoquent et, en même temps, se complètent. Elles sont indissociables les unes des autres et forment ensemble l'unité que constitue toute organisation. Pour les appréhender, il faut penser de manière inclusive et non de façon exclusive, envisager le « ET » plutôt que le « OU », ce que Wendy Smith, Marianne Lewis et Michael Tushman (2016) nomment le *Both/And Leadership*.

Ensuite, dans un environnement complexe, une organisation ne peut plus être pensée de manière globale comme un tout monolithique. Il est plus fécond d'appréhender les entreprises comme des agrégations de micro-organisations. L'approche du micro-design, modélisée par Phanish Puranam (2018), est à cet égard fort utile. Elle repose sur deux principes. D'une part, l'organisation d'une entreprise n'est pas uniforme. Elle est une mosaïque de multiples micro-organisations. D'autre part, chacune des micro-organisations est confrontée aux mêmes problématiques. En matière d'organisation, les questions sont universelles. Les réponses, elles, sont contingentes à un contexte d'action particulier.

Enfin, dans un monde où le changement est permanent, les entreprises ne peuvent plus réduire le design organisationnel à une boîte à outils à laquelle elles ont recourt pour se réorganiser dans le cadre de démarches ponctuelles. Pour Naomi Stanford (2015), le design organisationnel doit au contraire devenir une capacité d'action mobilisée de manière continue. Retenons ici deux idées.

La première concerne la différence entre de simples outils et une capacité d'action. Les outils sont génériques et non contextualisés. Ils sont produits à l'extérieur de l'entreprise, utilisés par les consultants et peu partagés. Ce faisant, ils ne sont pas marqués des traits les plus saillants de la culture d'une entreprise et ne sont pas intégrés à ses modes opératoires. Une capacité d'action, au contraire, résulte des pratiques internes à l'entreprise. Pour que le design organisationnel devienne une capacité d'action, l'entreprise doit non seulement se doter de ses propres outils et méthodes, mais également les intégrer dans ses pratiques par des processus et des dispositifs spécifiques.

La seconde idée questionne la nature de la capacité d'action « design organisationnel ». Cette dernière doit être mobilisée de manière continue et non de façon ponctuelle à l'occasion de réorganisations vécues comme des évènements brutaux et traumatisants. Il faut que cette capacité devienne une routine. Les entreprises doivent pratiquer le design organisationnel comme Monsieur Jourdain de la prose, c'est-à-dire sans le savoir.

Ce que vous trouverez dans cet ouvrage

Cet ouvrage est découpé en deux parties. La première est dédiée au design organisationnel : sa finalité, ses enjeux, son raisonnement et ses leviers. La seconde partie est, elle, consacrée à l'indispensable refondation du design organisationnel pour faire face au changement permanent. Pourquoi, dans un contexte de changement permanent, le raisonnement de l'alignement stratégique est-il caduc ? En conséquence, quels sont les ressorts et les conditions d'une refondation du design organisationnel ? Quelle forme concrète et opérationnelle cette refondation peut-elle prendre ?

Mais attention : la première partie n'est pas consacrée au monde d'hier et la seconde à celui de demain. Les leviers du design organisationnel, objets de la première partie de cet ouvrage, restent les pièces maitresses du dispositif refondé exposé dans la seconde partie.

Dans un contexte de changement permanent, il convient cependant de les compléter de nouvelles notions, en particulier celle de polarité organisationnelle et, surtout, de les intégrer dans une démarche et un dispositif non plus statiques mais dynamiques.

Enfin, la conclusion aborde la question de l'agilité. Face au changement permanent, la finalité principale du design organisationnel change de nature. Il ne s'agit plus, en première intention, de concevoir des organisations permettant de déployer une vision stratégique particulière mais bien de développer l'agilité des organisations, quelle que soit leur nature.

PREMIERE PARTIE :

Le design organisationnel et ses leviers

Objectifs :

- *Définir rigoureusement la notion d'organisation*
- *Caractériser la visée et les contours du design organisationnel*
- *Expliciter les cinq paramètres de conception d'une organisation*
- *Exposer les limites de l'alignement stratégique dans un contexte de changement permanent*

Cette première partie est consacrée au design organisationnel et à ses leviers. Son ambition est de nous doter de fondations robustes pour être en capacité d'entreprendre l'indispensable refondation du design organisationnel dans un contexte de changement permanent, objet de la seconde partie de l'ouvrage.

Cette première partie est composée de sept chapitres. Le premier définit la notion d'organisation et précise les contours du design organisationnel, notamment en exposant ce qui le différencie de la théorie des organisations.

Les paramètres de conception sont les leviers que le designer peut actionner pour façonner une organisation. Les chapitres suivants décrivent les cinq principaux paramètres de conception :

- L'allocation de l'autorité (chapitre 2) ;
- Le regroupement des activités (chapitre 3) ;
- L'orientation de l'action (chapitre 4) ;
- La responsabilité de la performance (chapitre 5) ;
- La régulation des comportements (chapitre 6).

Le chapitre 7 présente l'exemple d'une entreprise d'ingénierie. D'une part, il permet d'illustrer la reconstitution du profil d'une organisation à partir des cinq paramètres de conception et de mettre en exergue leur nature systémique. D'autre part, il montre les limites de l'alignement stratégique dans un contexte de changement permanent.

CHAPITRE 1

De l'organisation au design organisationnel

Quand je suis sollicité par un dirigeant sur un problème d'organisation, la même scène se répète invariablement. Il m'expose son sujet et, juste après, me précise qu'il a déjà commencé à réfléchir à une ébauche de solution. Rien de plus humain : un problème sans réponse est très anxiogène pour un dirigeant. Plus intéressant pour le thème de cet ouvrage, il me présente son esquisse de solution en griffonnant un organigramme sur un coin de table. J'en conclus que, dans son esprit, organisation veut dire organigramme.

L'organigramme est la représentation la plus commune d'une organisation. Si cette transcription n'est pas complètement farfelue, elle est néanmoins très partielle car, sur un organigramme, figurent uniquement des entités et des liens d'autorité, et encore pas tous. L'organigramme est la face émergée de l'iceberg organisation.

Une action collective finalisée

La notion d'organisation est transdisciplinaire. On parle aussi bien de l'organisation d'un atome en physique, d'une cellule en biologie, d'une société en sociologie que de l'organisation d'une entreprise en management. A chaque fois, on est en présence d'éléments en interaction qui font système. L'organisation, précise Edgar Morin (1980), qualifie l'agencement des interrelations entre les composants d'un système qui, ainsi organisé, forme un tout doté d'attributs propres.

Dans le domaine qui nous intéresse ici, celui des systèmes sociaux, on peut parler d'organisation à bon escient dès que plusieurs personnes font ensemble ce qu'aucune d'elles ne peut réaliser seule.

Deux dimensions sont alors associées à la notion d'organisation. D'une part, l'organisation concerne l'action de plusieurs personnes et non celle d'une seule. Cela écarte une partie du sens commun du terme organisation : « Je suis mal organisé ; il est vraiment complètement désorganisé ; etc. »

Mais être plusieurs ne suffit pas ! Il faut en plus que les membres du groupe interagissent pour atteindre un but auquel aucun d'eux ne peut parvenir seul. Des voyageurs dans le même wagon d'un train n'ont a priori pas besoin d'organisation. Ils sont bien plusieurs mais n'interagissent pas pour atteindre un but commun. En revanche, plusieurs amis qui se réunissent pour organiser une fête sont eux concernés par des questions d'organisation. Ils interagissent pour atteindre un but prédéterminé. En plus de relever d'une action collective, l'existence d'une finalité constitue la seconde caractéristique de la notion d'organisation. Notons cependant que le but initial peut évoluer chemin faisant de manière émergente et non planifiée a priori. Au total, des questions d'organisation se posent dès que nous sommes en présence d'une action collective finalisée.

Figure N°2 :
Réussir à plusieurs ce qu'aucun ne peut faire seul

Une précision supplémentaire s'impose sur le terme organisation. On peut l'employer de manière générique pour parler d'une entreprise, d'une association, d'un hôpital... comme il est courant de le faire, notamment dans des expressions du type « sociologie des organisations », « théorie des organisations »... On qualifie alors une entité. Dans cet ouvrage, pour éviter toute confusion, je préfère réserver le terme organisation à l'agencement des composants d'un système et, ainsi, recourir aux termes système organisé pour qualifier une entité quelle que soit sa nature. Ici donc, l'organisation ne désigne pas un objet, mais la manière dont ses composants sont agencés. Une entreprise a besoin d'organisation mais est un système organisé et non une organisation. L'organisation ne qualifie pas l'entreprise elle-même mais l'agencement des entités (directions, divisions...) qui la composent.

Division du travail et coordination des efforts

Si plusieurs personnes peuvent faire ensemble ce qu'aucune d'elles ne peut réaliser seule, c'est parce qu'elles ne font pas toutes la même chose et qu'elles mobilisent des compétences complémentaires. Bref, parce qu'elles se divisent le travail. La notion de division du travail est consubstantielle à celle d'organisation. Il n'y a pas d'organisation sans division du travail. Cette dernière n'a été inventée ni par Frederick Taylor (1911) ni même par Adam Smith (1776). Les deux penseurs ont démontré son intérêt avec brio, mais la division du travail existait déjà au moment de la construction de la pyramide de Khéops en Egypte il y a plus de 4 500 ans.

Une fois le travail divisé, pour atteindre un but commun, les efforts doivent être coordonnés. La coordination des efforts est le second processus consubstantiel à la notion d'organisation. Sans coordination, chacun risque de jouer sa propre partition, de mobiliser ses compétences et son énergie dans des directions différentes et, ainsi, de perdre de vue la finalité commune. Des penseurs aussi éminents que James March et Herbert Simon (1958) ou encore Henry Mintzberg (1981) s'accordent au moins sur un point : une organisation résulte de la conjonction de deux processus de base, la division du travail et la coordination des efforts.

Ces deux processus sont à la fois complémentaires et antagonistes. La force centripète que constitue toute coordination des efforts compense les aspects centrifuges de la division du travail. Plus le travail est divisé, plus le besoin de coordination est important. En même temps, au titre de la nécessaire coordination, les composants d'un système doivent accepter une restriction de leur autonomie et, ainsi, de leur liberté d'action. Dans certains cas même, ils ont le sentiment d'étouffer et considèrent que l'organisation a sacrifié toute forme de singularité sur l'autel de la coordination.

L'exemple d'une direction commerciale

Prenons un exemple fictif pour bien mesurer la dimension antagoniste de la division du travail et de la coordination des efforts.

Une direction commerciale couvre trois grandes régions : le Nord, le Centre et le Sud de la France. Le raisonnement organisationnel conduit son directeur à mettre en place trois secteurs géographiques, un par région. Il exprime alors le besoin de trois postes de responsables de secteur. Mais, pour des questions de budget, son Directeur Général ne lui en alloue que deux. Il ne peut donc y avoir que deux secteurs. Le directeur commercial imagine alors deux scénarios. Il garde le premier secteur centré sur la région Nord et regroupe les régions Centre et Sud au sein du second. Ou alors, au contraire, il réserve le premier secteur à la région Sud et regroupe les régions Nord et Centre dans le second.

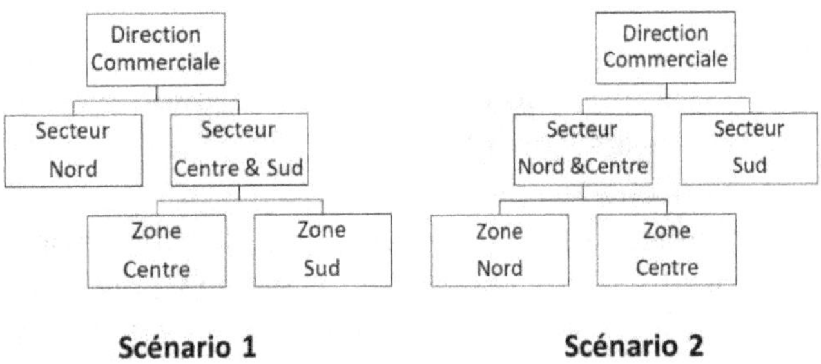

Figure N°3 :
Deux scénarios pour la direction commerciale

Notre directeur commercial se trouve face à un dilemme organisationnel. S'il choisit le premier scénario, il facilitera la coordination entre les zones Centre et Sud grâce au rôle joué par le responsable de secteur Centre & Sud. En revanche, la coordination entre les zones Centre et Nord risque d'être plus compliquée dans la mesure où elle ne pourra être assurée que par lui à un niveau organisationnel supérieur. S'il choisit le second scénario, il obtiendra l'effet inverse. La coordination entre les zones Nord et Centre sera facilitée par la présence du responsable de secteur Nord & Centre. En revanche, la coordination entre les zones Centre et Sud risque d'être plus délicate.

Comme le montre cet exemple fictif, les choix de division du travail facilitent la coordination des efforts à certains endroits (entre les activités regroupées au sein des mêmes entités), mais la compliquent ailleurs (entre les activités appartenant à des entités différentes). Les deux processus au cœur de toute organisation, la division du travail et la coordination des efforts, sont complémentaires : une fois divisé, le travail doit être coordonné pour atteindre un but commun. Mais ces deux processus sont aussi antagonistes : quand on fait un choix en matière de division du travail, on résout certains problèmes de coordination tout en en créant d'autres. Et c'est à dessein que j'emploie ici le verbe « créer ».

Deux processus en tension

L'organisation idéale ne peut donc pas exister : en résolvant certains problèmes, on en crée inéluctablement d'autres. Une organisation est le fruit du moins mauvais des compromis entre des forces organisationnelles en tension. Cette dernière est la traduction des dimensions à la fois complémentaires et antagonistes des deux processus organisationnels de base : la division du travail et la coordination des efforts. Par essence même, une organisation est ainsi sous-optimale. La notion d'optimum est un contre-sens en matière d'organisation. C'est un fantasme d'ingénieurs. La dimension antagoniste des deux processus organisationnels de base ne peut jamais être complétement dépassée. Cette caractéristique ne relève pas d'un dysfonctionnement ; elle est inhérente à la nature de toute organisation.

Le terme tension ne doit pas être interprété exclusivement de manière négative. Au premier chef, la tension entre les deux processus organisationnels fondamentaux permet de produire du mouvement au sein du système en favorisant la circulation de l'énergie entre ses composants. Le mouvement organisationnel résulte de la complémentarité de ces deux opposés. Comme le précise très justement Valérie Michaud (2011), l'organisation est en mouvement parce qu'en tension.

Prenons l'exemple du cycliste pour bien comprendre cette idée fondamentale pour notre propos. Si un cycliste veut se rendre d'un point A à un point B et qu'il ne peut suivre qu'une ligne droite parce que son guidon est fixe, il ne pourra pas garder son équilibre sur le vélo et, donc, arriver à destination. Pour se rendre au point B et garder son équilibre, le cycliste doit pouvoir utiliser son guidon pour osciller de part et d'autre de la ligne droite. Les oscillations sont opposées (à droite puis à gauche, puis à droite et ainsi de suite) et, en même temps, complémentaires : grâce à elles, le cycliste trouve un équilibre sur son vélo qui permet son déplacement. Notons également que quand il exerce une pression sur la pédale avec sa jambe droite pour avancer, il repose sa jambe gauche, et inversement. Pendant qu'une jambe travaille, l'autre se repose.

Parce qu'elle permet la circulation de l'énergie entre les composants du système et donc le mouvement, la complémentarité des opposés des deux processus de base est à l'origine de la vie organisationnelle. Sans tension point de vie ! La philosophie traditionnelle chinoise, notamment à travers la notion de Yin-Yang sur laquelle je reviendrai plus longuement dans le chapitre 10, l'a compris depuis plusieurs millénaires.

En suivant la proposition de Wendy Smith et Marianne Lewis (2011), nous dirons que la tension est latente et produit du mouvement en favorisant la circulation de l'énergie entre les composants du système tant que les deux processus organisationnels de base sont en équilibre, c'est-à-dire tant que leur dimension complémentaire l'emporte sur leur aspect antagoniste. Quand cela n'est plus le cas, quand les deux processus entrent en déséquilibre, la tension devient manifeste et l'avantage se transforme en inconvénient. La tension bloque la circulation de l'énergie entre les composants du système. Le manque de mouvement embolise l'organisation et, ce faisant, entrave son fonctionnement.

De la théorie des organisations au design organisationnel

La théorie des organisations est une discipline qui regroupe des connaissances et des savoirs permettant de comprendre le fonctionnement des systèmes organisés (Landrieux-Kartochian, 2018). Le design organisationnel prend appuie sur la théorie des organisations tout en s'en distinguant. Sa visée n'est pas seulement descriptive et explicative mais aussi prescriptive. C'est moins une science d'analyse que de conception, au sens qu'Herbert Simon (1969) a donné à ce terme[2].

L'organisation, nous l'avons vu, qualifie l'agencement des interrelations entre les composants d'un système formant un tout doté d'attributs propres lui permettant d'atteindre un but spécifique. Le design organisationnel regroupe des connaissances, des méthodes, des outils et des pratiques permettant d'organiser un système en fonction d'un but visé dans un contexte spécifique (Romme, 2003).

En conséquence, designer une organisation consiste à (1) concevoir l'agencement des interrelations entre les composants d'un système, (2) pour doter ce dernier d'attributs lui permettant d'atteindre un but visé, (3) en fonction des exigences de performance propres aux caractéristiques d'un contexte d'action spécifique.

Un tout et des parties

Toute organisation est nécessairement hiérarchisée dans le sens où le tout qu'elle constitue est toujours composé de parties. De ce point de vue, vouloir éradiquer toute forme de hiérarchie au sein des organisations n'est pas seulement une erreur, mais un contresens.

Les parties du tout peuvent elles aussi être des systèmes qui ont besoin d'organisation. Elles sont alors elles-mêmes des touts composés de parties qui, à leur tour, peuvent également constituer des touts, et ainsi de suite. Le plus souvent, la structuration d'une entreprise nécessite plusieurs niveaux d'agrégation et résulte donc d'organisations emboîtées les unes dans les autres : l'entreprise est segmentée en directions, elles-mêmes découpées en services, lesquels regroupent des équipes composées d'activités.

---

[2] Dans son ouvrage sur les sciences de l'artificiel, que Jean-Louis Lemoigne (1974) a traduit par sciences de la conception, Herbert Simon (1969) parle explicitement de *sciences of design*.

Il n'y a a priori aucune raison que tous les niveaux d'agrégation soient confrontés aux mêmes enjeux organisationnels. Dans un monde complexe, il y a même toutes les raisons que cela ne soit pas le cas. L'organisation d'une entreprise qui compte plusieurs niveaux d'agrégation a ainsi peu de chances d'être homogène. Il convient de l'aborder davantage comme une mosaïque que comme un tout monolithique. Il est à cet égard plus juste de parler des organisations d'une entreprise que de son organisation. En la matière, le pluriel est préférable au singulier.

Le principe de la contingence

Nous l'avons vu, l'organisation idéale n'existe pas. Si elle existait, tout le monde l'aurait adoptée depuis longtemps. Il a fallu attendre les années 1960 et les travaux de Tom Burns et G.M. Stalker (1961), Joan Woodward (1965) et ceux de Paul Lawrence et Jay Lorsch (1967), pour qu'un principe essentiel émerge de la pensée organisationnelle : le principe dit de la contingence, celui que les Québécois ont renommé le principe du « ça dépend ». Chaque organisation possède des avantages et présente des inconvénients plus ou moins marqués selon les caractéristiques d'un contexte d'action particulier. D'après ce principe, l'organisation que doit adopter un système pour atteindre son but, c'est-à-dire l'agencement des interrelations entre ses composants répondant aux exigences de performance, dépend des caractéristiques de son contexte d'action. Ces dernières sont nommées « facteurs de contingence ».

L'équilibre à trouver entre les deux processus organisationnels fondamentaux, la division du travail et la coordination des efforts, n'est pas unique. Il n'a rien d'universel. Il dépend des caractéristiques du contexte d'action de l'organisation appréhendées à partir de facteurs de contingence. Une organisation peut être « bonne » dans un contexte et « mauvaise » dans un autre. Le copier-coller est l'une des plus grandes erreurs du design organisationnel. Par ailleurs, l'environnement de toute organisation évoluant dans le temps, cet équilibre est par nature temporaire et doit, par conséquent, être évolutif. Cela explique pourquoi une organisation peut être « bonne » à un moment donné et « mauvaise » quelque temps plus tard. En matière de design organisationnel, il faut régulièrement remettre l'ouvrage sur le métier. Et être prêt à faire l'inverse de ce que l'on a réalisé quelque temps plus tôt !

Cinq paramètres de conception

Les paramètres de conception sont les leviers actionnables par le designer pour façonner une organisation, c'est-à-dire pour structurer les processus de division du travail et de coordination des efforts.

Il y a cinq grands paramètres de conception interdépendants :

- L'allocation de l'autorité ;
- Le regroupement des activités ;
- L'orientation de l'action ;
- La responsabilité de la performance ;
- La régulation des comportements.

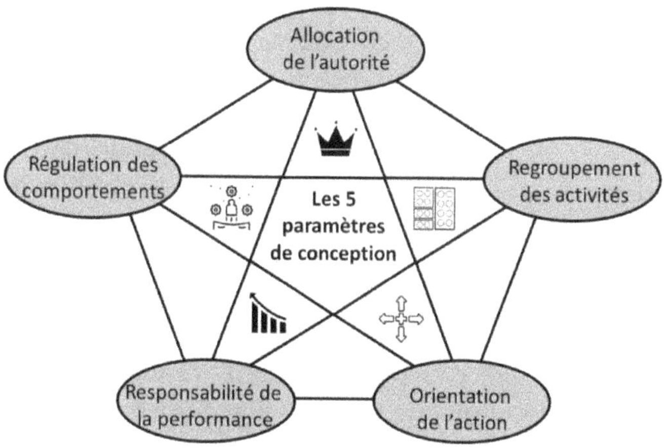

Figure N°4 :
Les 5 paramètres de conception

Comme les processus qu'ils permettent de structurer, ces paramètres de conception sont des couples de forces en tension parce qu'à la fois complémentaires et antagonistes. Ainsi, le premier des cinq paramètres de conception, l'allocation de l'autorité, est constitué du couple de forces centrale/locale. La centralisation positionne le pouvoir de décision au sommet de l'organisation et le concentre dans les mains d'un nombre réduit d'entités. A l'inverse, l'allocation locale de l'autorité distribue le pouvoir de décision entre le plus grand nombre d'entités possible à la base de l'organisation. L'allocation centrale de l'autorité permet de prendre des décisions rapidement et de manière homogène quand l'allocation locale de l'autorité vise, elle, à tirer le meilleur parti de la diversité des compétences et de la proximité opérationnelle. A la vue des caractéristiques de chacune de ces deux forces, leurs aspects à la fois complémentaires et antagonistes apparaissent clairement.

La gestion des polarités

Quand le designer fait le constat qu'une organisation est trop centralisée, il peut avoir tendance à considérer que la centralisation est un problème et que l'allocation locale de l'autorité est la solution. Il envisage alors un mouvement de décentralisation de l'organisation. Mais quelques temps après, dans un nouveau contexte d'action, il fera sans doute le constat inverse : l'allocation de l'autorité est trop locale. A ce moment-là, il constatera que la solution d'hier, la décentralisation, est devenue le problème du moment.

En raisonnant en termes de problème/solution, le designer organisationnel pense de manière binaire et considère seulement la dualité du couple de forces centrale/locale. Il oublie son unité, le fait que ces deux forces sont interdépendantes. Elles ne peuvent donc pas être pensées l'une sans l'autre. Si elles doivent bien être distinguées, il ne faut jamais les isoler et, au contraire, toujours les relier. En matière de design organisationnel, ce sont moins des problèmes qu'il faut résoudre que des polarités qu'il convient de gérer (Johnson, 2014). Cette idée, potentiellement secondaire dans un environnement stable, devient fondamentale dans un contexte de changement permanent. J'y reviendrai plus longuement dans les chapitres 10 et 11.

Pour chacun des cinq paramètres de conception, en fonction du contexte d'action de l'organisation appréhendé à partir des facteurs de contingence, il s'agit de trouver un réglage satisfaisant entre les deux forces en tension. L'équilibre laisse la tension latente et favorise la circulation de l'énergie entre les composants du système. Compte tenu de l'inévitable évolution du contexte d'action de l'organisation, l'équilibre trouvé sera, à un moment ou à un autre, nécessairement mis à mal et rompu. Apparaîtra alors un déséquilibre suffisamment conséquent pour rendre la tension manifeste et provoquer un dysfonctionnement organisationnel. A ce moment-là, il conviendra de modifier le dosage entre les deux forces de manière à retrouver un équilibre fluidifiant à nouveau la circulation de l'énergie au sein du système.

Par ailleurs, les cinq paramètres de conception sont interdépendants. Ils font système et, ainsi, ne peuvent pas être appréhendés indépendamment les uns des autres. Le réglage entre les deux forces d'un paramètre de conception donné dépend d'une part, des facteurs de contingence et, d'autre part, du dosage des quatre autres paramètres de conception. En plus d'être en adéquation avec les caractéristiques du contexte d'action de l'organisation, les paramètres de conception doivent constituer des combinaisons harmonieuses entre eux.

Les cinq chapitres suivants sont consacrés à chacun des paramètres de conception.

CHAPITRE 2
L'allocation de l'autorité

L'allocation de l'autorité au sein de l'organisation est le premier des cinq paramètres de conception. La centralisation (l'allocation centrale de l'autorité) et la décentralisation (l'allocation locale de l'autorité) sont les deux forces en tension ici en jeu. Quelle soit statutaire ou personnelle[3], l'autorité s'entend comme la capacité à prendre ou faire prendre des décisions.

Bien comprendre la problématique de l'allocation de l'autorité au sein d'une organisation nécessite quelques clarifications préalables : le principe de parité, les différents types de décisions, et la différence entre délégation et subsidiarité.

Le principe de parité

L'allocation de l'autorité entre les entités d'un système doit relever du principe de la parité chère à Henri Fayol (1916) : l'autorité est allouée en fonction de la distribution des responsabilités. Quiconque en charge d'une responsabilité particulière doit pouvoir prendre ou faire prendre les décisions lui permettant de l'assumer. Prenons un exemple.

Une enseigne de grande distribution est connue pour octroyer beaucoup d'autonomie à ses chefs de rayon. « De vrais petits patrons » a-t-on coutume de dire. Ils sont responsables du chiffre d'affaires de leur rayon, de sa croissance et de la marge sur frais. Ils sont d'ailleurs largement rémunérés en conséquence : jusqu'à 20% de leur rémunération dépend des résultats atteints sur ces trois critères.

L'entreprise se développe. Pour des raisons d'économies

---

[3] La distinction entre autorités statutaire et personnelle est précisée dans le chapitre 6 consacré à la régulation des comportements.

d'échelle, elle décide de créer une centrale d'achat. L'un des chefs de rayon d'un magasin situé en Bretagne réagit : « Pour les galettes de sarrasin, j'avais l'habitude de m'approvisionner auprès d'un petit fournisseur local. Mes clients en raffolaient. Maintenant, je dois passer par la centrale d'achat qui s'approvisionne auprès d'une grande entreprise agro-alimentaire dont le produit est, certes moins cher, mais beaucoup moins goûteux. »

Au fur et à mesure de son développement, l'entreprise se professionnalise. Elle décide de structurer son marketing au niveau central et de lui confier entre autres responsabilités celle des promotions. Là encore, notre chef de rayon réagit : « Moi, j'avais l'habitude de faire une promotion particulière au moment de la fête des pommes fin septembre. C'est crucial pour moi ! C'est à ce moment-là que je réalise une partie conséquente de mon chiffre d'affaires sur certains produits. Du coup, je suis allé voir les membres de l'équipe du marketing à Paris pour leur parler de ma fête des pommes. Ils m'ont envoyé balader : et puis après, il y aura la fête de la choucroute en Alsace... Non, non ! Il y a une promotion nationale à la rentrée, une autre à Noël... Les mêmes pour toutes les régions. » Et le chef de rayon d'avouer : « Aujourd'hui, je ne choisis plus mes fournisseurs, on m'impose les produits et les promotions. Bref, je ne décide plus que du réapprovisionnement des rayons ! Par contre, je suis toujours responsable du chiffre d'affaires, de sa croissance et de la marge sur frais. »

De toute évidence, le principe de parité n'est plus respecté pour le chef de rayon de cette enseigne de grande distribution. Dans les faits, la distribution des responsabilités et l'allocation de l'autorité ne sont jamais parfaitement ajustées. Il est même illusoire de vouloir respecter le principe de parité à tout prix et, donc, de le prendre au pied de la lettre. Mais quand le déséquilibre est trop important, même avec de la bonne volonté, de l'énergie et de l'engagement, les entités éprouvent beaucoup de difficultés à assumer les responsabilités qui leur sont confiées. Comme disait Camille Saint-Saëns, « tous les violonistes jouent faux, mais certains exagèrent ». C'est la même chose en matière de parité entre les responsabilités et l'autorité : toutes les organisations jouent faux, mais certaines exagèrent ! Le designer organisationnel doit se pencher sur les endroits où la disparité est trop saillante.

Trois types de décisions

La segmentation des types de décisions d'Igor Ansoff (1965), bien qu'ancienne, reste très pertinente pour préciser les mécanismes d'allocation de l'autorité au sein d'une organisation. Il propose de distinguer trois types de décisions : stratégiques, tactiques et opérationnelles.

Les décisions stratégiques concernent l'ensemble de l'organisation. Elles conditionnent la manière dont cette dernière s'insère dans son environnement d'une part, le but qu'elle cherche à atteindre d'autre part. Les décisions stratégiques engagent sur le long terme. Elles sont uniques, peu prévisibles et non programmables. Enfin, elles sont difficilement réversibles. Quand elles le sont, c'est au prix de coûts importants et souvent prohibitifs.

Les décisions tactiques concernent, elles, la manière dont les ressources sont utilisées pour atteindre le but visé. Centrées sur les processus, elles s'inscrivent dans le prolongement des décisions stratégiques. Elles sont peu fréquentes, relativement peu prévisibles et engagent sur le moyen terme.

Enfin, les décisions opérationnelles concernent l'optimisation des ressources allouées lors des décisions tactiques. Elles correspondent aux choix et aux arbitrages de court terme et du quotidien. Elles sont fréquentes, courantes, répétitives et assez prévisibles.

De la délégation à la subsidiarité

Délégation et subsidiarité sont deux termes utilisés indifféremment. S'ils abordent tous les deux la question de l'autonomie, ils ne sont pourtant pas synonymes et renvoient même à des logiques organisationnelles opposées. Il faut donc se garder de la confusion.

La délégation consiste à confier une mission ou une activité à un délégataire en lui donnant le pouvoir d'agir, mais en continuant d'assumer la responsabilité du résultat final. Le délégant, qui détient le pouvoir, en transfert une partie au délégataire pour permettre à ce dernier de prendre les décisions nécessaires à la bonne réalisation de la mission ou de l'activité confiée. Dans le cadre d'une délégation, le délégant laisse au délégataire, pour une période de temps donnée, une véritable autonomie à l'intérieur d'un cadre défini contractuellement.

La subsidiarité, quant à elle, positionne le pouvoir de décision au plus près de l'action. Il s'agit d'attribuer les missions, activités et responsabilités aux niveaux les mieux à même de les exercer. Pour ce faire, on part du principe que les entités opérationnelles, celles placées à la base de l'organisation, possèdent a priori le pouvoir de décider de tout à l'exception de ce qui relève des niveaux supérieurs. C'est donc l'inverse du principe de délégation. La délégation résulte d'un mouvement *top down* alors que la subsidiarité est, par essence, *bottom up*.

Organisation centralisée ou décentralisée

Les deux forces en tension qui composent le premier des cinq paramètres de conception sont la centralisation (allocation centrale de l'autorité) et la décentralisation (allocation locale de l'autorité). La première tend à positionner le pouvoir de décision au sommet de l'organisation en l'affectant à une seule ou à un nombre réduit d'entités. La seconde, quant à elle, tire l'autorité vers la base de l'organisation et la répartit entre le plus grand nombre d'entités possible. Quand l'allocation de l'autorité est centrale on parle d'organisation centralisée, et d'organisation décentralisée quand elle est locale. Au sein d'une organisation, l'allocation de l'autorité peut prendre quatre formes différentes : centrale, plutôt centrale, plutôt locale ou locale.

L'allocation de l'autorité est centrale quand une des entités du système (ou un nombre réduit d'entités), placée au sommet de l'organisation, prend l'ensemble des décisions stratégiques, tactiques et opérationnelles. Les autres entités du système ne font qu'exécuter. Aucune autorité ne leur est allouée.

L'allocation de l'autorité est plutôt centrale quand, par l'intermédiaire d'un processus de délégation, le sommet, qui reste responsable, autorise des entités d'un ou de plusieurs niveaux organisationnels inférieurs à prendre certaines décisions à sa place. L'autorité déléguée permet que des décisions opérationnelles, exceptionnellement tactiques, mais jamais stratégiques, soient prises aux niveaux inférieurs.

L'allocation de l'autorité est locale quand les entités opérationnelles, celles placées à la base de l'organisation, sont complètement autonomes, c'est-à-dire prennent l'ensemble des décisions tactiques et opérationnelles les concernant et participent activement aux décisions stratégiques. Le rôle du sommet consiste alors, non pas à définir une stratégie d'ensemble de manière *top down*, mais, au contraire, à réguler un processus *bottom up* de manière à ce qu'une vision stratégique commune émerge des enjeux de chacune des entités opérationnelles tout en les englobant. Dans une organisation décentralisée, seules les décisions liées aux activités dites régaliennes et à certains services mutualisés restent dans les mains du sommet de l'organisation.

L'allocation de l'autorité est plutôt locale quand, par l'intermédiaire d'un processus de subsidiarité et non de délégation, certaines décisions, que les entités opérationnelles ne sont pas en mesure de prendre, remontent au(x) niveau(x) supérieur(s) vers le sommet de l'organisation. L'autorité est alors largement locale pour les décisions opérationnelles et tactiques. Les décisions stratégiques, quant à elles, restent dans les mains du sommet de l'organisation au niveau central.

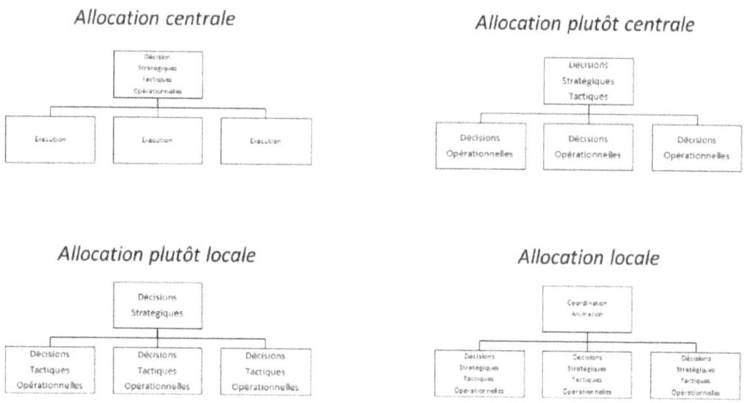

Figure N°5 :
Les 4 formes d'allocation de l'autorité

Avantages et inconvénients de l'allocation centrale de l'autorité

Quand l'autorité est centralisée, un nombre réduit d'entités du système est impliqué dans la prise de décision. Du coup, les décisions se prennent rapidement, de manière cohérente et leur coût de coordination est peu élevé. On tergiverse moins et on se met a priori plus vite d'accord que quand le pouvoir de décision est davantage partagé.

Par ailleurs, les décisions sont prises au sommet de l'organisation. Cela permet de tirer le meilleur parti de l'expertise et des compétences des dirigeants tout en favorisant la rapidité des changements de cap stratégique.

Excessive, la centralisation de l'autorité comporte cependant un certain nombre d'inconvénients. Le sommet de l'organisation peut être trop éloigné des réalités de terrain et, ainsi, prendre des décisions sur la base d'informations biaisées et trop incomplètes pour être pertinentes. Cela peut alors déboucher sur des erreurs stratégiques préjudiciables à la pérennité même de l'entreprise. La diversité des problématiques locales peut également ne pas être assez prise en considération dans les choix. Cette insuffisance se traduit alors par un manque d'adaptabilité de l'organisation à la variété des contextes d'action de l'entreprise.

Une centralisation excessive de l'autorité peut en outre provoquer des embouteillages décisionnels, le sommet étant amené à arbitrer trop de sujets au regard de la disponibilité des dirigeants. L'allongement des temps de réponse finit par nuire à la réactivité de l'organisation.

Enfin, dans une organisation trop centralisée, le sommet n'est plus assez en contact avec la base de l'organisation. Le manque d'échange entre le haut et le bas de l'organisation provoque un désalignement entre la prise de décision et sa mise en œuvre. Les acteurs de terrain peuvent également se sentir démobilisés et, du coup, manquer d'engagement et d'initiative.

Avantages et inconvénients de l'allocation locale de l'autorité

L'allocation locale de l'autorité permet d'impliquer dans la prise de décision un grand nombre d'entités opérationnelles proches des problématiques de terrain. En tirant le meilleur parti à la fois de la proximité opérationnelle et de la diversité des compétences, l'autorité décentralisée favorise l'intelligence situationnelle. Elle renforce ainsi la réactivité et l'adaptabilité de l'organisation à la variété des contextes d'action.

Par ailleurs, en permettant une large participation à la prise de décision, l'allocation locale de l'autorité développe l'*empowerment* des opérationnels : de spectateurs, ils deviennent acteurs. C'est sans doute la manière la plus judicieuse de valoriser les potentiels.

En revanche, une décentralisation excessive de l'autorité peut provoquer un désalignement stratégique où chacun jouerait sa propre partition. La prise de décision est alors quelque peu désordonnée, voire anarchique. L'organisation risque de rencontrer certaines difficultés à changer rapidement d'orientation stratégique. Les processus de décision sont lents ; on s'expose même au risque d'une forme de sclérose décisionnelle.

Enfin, si les entités de terrain manquent de compétence pour faire face à leurs responsabilités, la décentralisation de l'autorité produit un sentiment d'insécurité générateur de stress plutôt que de performance. Les hésitations, les tâtonnements, les errements voire les erreurs des entités opérationnelles, entachent la relation de confiance avec le sommet de l'entreprise. Risque alors de se former un cercle vicieux entre le haut et le bas de l'organisation alimenté de méfiance et de défiance.

CHAPITRE 3
Le regroupement des activités

Le deuxième des cinq paramètres de conception concerne le regroupement des activités au sein de l'organisation. Il traduit à la fois la manière dont les activités sont regroupées en entités et, autre face de la même pièce, le critère de différenciation des entités entre elles. Les modes de regroupement fonctionnel et divisionnel sont les deux forces en tension de ce deuxième paramètre de conception.

Les deux modes de regroupement des activités

Imaginons une entreprise qui conçoit, fabrique et commercialise trois types de produits : A, B et C. Elle peut regrouper ses activités de deux manières distinctes.

Notre entreprise peut rassembler dans les mêmes entités les activités de même nature, celles qui remplissent la même fonction et qui requièrent les mêmes compétences techniques. Dans ce cas, elle regroupe l'ensemble des activités de développement au sein d'une même entité (développement des produits A, développement des produits B et développement des produits C), l'ensemble des activités de production dans une autre et, enfin, l'ensemble des activités de vente dans une dernière. Notre entreprise aura alors regroupé ses activités selon un mode fonctionnel, la fonction étant le critère de regroupement des activités au sein d'une même entité, comme le critère de différenciation des entités.

Notre entreprise peut, à l'inverse, rassembler dans les mêmes entités les activités qui appartiennent à un même processus et qui concourent à produire un même résultat. Dans ce cas de figure, elle regroupe l'ensemble des activités qui participent à mettre les produits A sur le marché (développement des produits A, fabrication des produits A et commercialisation des produits A) dans une même entité, l'ensemble des activités concernant les produits B dans une autre, et celles liées aux produits C dans une dernière. Notre entreprise aura alors regroupé ses activités selon un mode divisionnel. Ici, le résultat, et non plus la fonction, est le critère de regroupement des activités au sein d'une même entité, comme le critère de différenciation des entités.

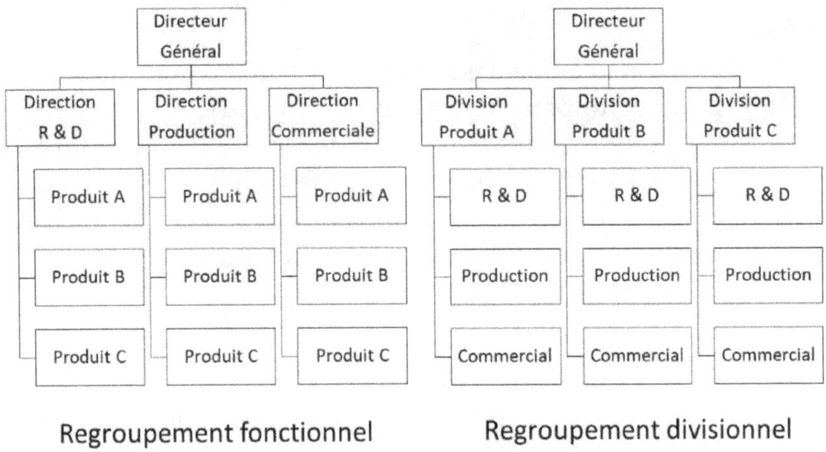

Figure N°6 :
Les 2 modes de regroupement des activités

Avantages et inconvénients du mode de regroupement fonctionnel

Le mode de regroupement fonctionnel permet de réaliser des économies d'échelle. S'il y a des composants communs aux produits A, B et C, les fabriquer au même endroit et/ou regrouper les achats au sein d'une même entité génère des effets d'expérience et de volume. Ces derniers étant, l'un et l'autre, favorables à la diminution des coûts unitaires de production.

Par ailleurs, le mode de regroupement fonctionnel permet une plus grande spécialisation technique. Il est donc favorable au développement de l'expertise et au partage de connaissances entre spécialistes. Imaginons qu'un directeur des Ressources Humaines obtienne la création de trois postes pour constituer son équipe. S'il choisit le mode de regroupement divisionnel, il crée trois postes de généralistes RH : un premier pour les produits A, un deuxième pour les produits B et un dernier pour les produits C. Si, au contraire, il opte pour le mode de regroupement fonctionnel, il peut dédier un poste à l'administration du personnel, un autre au développement des talents et un dernier aux relations sociales. Il constitue ainsi une équipe, non pas de trois généralistes, mais bien de trois spécialistes.

En revanche, le mode de regroupement fonctionnel interdit la responsabilité globale, économique notamment. Dans notre exemple fictif, les directeurs fonctionnels sont à la tête soit d'un centre de coûts (R&D et production) soit de ressources (commercial) alors que les directeurs de division A, B et C ont chacun la responsabilité d'un centre de profit.

Enfin, dans le regroupement fonctionnel, les informations et les décisions empruntent en général des chemins longs et sinueux. Par exemple, si un client se plaint d'un problème sur les produits A, le vendeur concerné remontera l'information à son directeur lors de la réunion commerciale. Le directeur commercial évoquera le problème lors du comité de direction suivant. Si on pressent qu'il s'agit d'un problème de production, le directeur industriel informera le responsable de la fabrication des produits A. Mais si, après vérification, ce dernier estime qu'il s'agit non pas d'un problème de production mais de développement, le même circuit sera suivi avant que l'information ne parvienne au responsable du développement des produits A. Le client aura eu le temps de changer de fournisseur.

Avantages et inconvénients du mode de regroupement divisionnel

Les directeurs de division sont facilement responsabilisés sur des objectifs économiques et se voient attribuer des moyens propres pour les atteindre. Comme nous venons de le voir, ils peuvent être à la tête d'un compte de résultat, ce qui n'est pas le cas des directeurs fonctionnels.

Par ailleurs, le mode de regroupement divisionnel permet une différenciation des activités cohérente avec la segmentation stratégique de l'entreprise. Si la stratégie déployée pour les produits A n'a rien à voir avec celle des produits B et celle des produits C, parce que les exigences de performance et les enjeux concurrentiels sont différents, si l'entreprise joue les coûts dans certains cas et la différenciation dans d'autres, alors le regroupement divisionnel permet que les catégories de produits ne se contaminent pas entre elles.

En revanche, le mode de regroupement divisionnel interdit les économies d'échelle, ne favorise pas la mutualisation de moyens et, surtout, nécessite de dupliquer les fonctions. Dans un regroupement divisionnel, notre directeur des Ressources Humaines a besoin de trois responsables RH, un par division. Il est donc bien plus coûteux que le mode de regroupement fonctionnel.

Enfin, le mode de regroupement divisionnel ne facilite pas la mise en place de politiques communes au niveau de l'entreprise et peut favoriser le développement de « baronnies », chaque directeur de division ayant des moyens propres et des enjeux spécifiques. Ceux-ci peuvent alors avoir tendance à confondre « autonomie et indépendance ».

Les variantes du regroupement divisionnel

Il n'existe qu'un seul mode de regroupement fonctionnel. Le regroupement divisionnel connaît, lui, plusieurs variantes. La nature du résultat visé permet de distinguer les modes de regroupement divisionnels entre eux. Les divisions peuvent ainsi être dédiées à des produits (l'exemple des produits A, B et C pris jusqu'à présent), mais également à des clients, des zones géographiques ou encore des projets.

Quand le résultat est temporaire, on parle de projets ou de programmes. Une entreprise de travaux publics vient de gagner un important appel d'offre : la construction du tramway d'une grande métropole. L'entreprise de BTP regroupe dans la même entité l'ensemble des activités nécessaires à la réalisation de ce projet. Une fois l'ouvrage achevé, elle fera disparaître l'entité en charge de sa réalisation.

Si le résultat est permanent, plusieurs variantes du regroupement divisionnel existent. Elles sont liées au type de segmentation stratégique retenu par l'entreprise.

Il y a d'abord les divisions par produits. Les résultats sont différenciés à partir des catégories de produits de l'entreprise. Les activités sont regroupées en conséquence. Par exemple, une grande entreprise de l'électronique retient quatre *Business Groups* : éclairage, télécommunications, électronique grand public et médical. Le mode de regroupement divisionnel par produits permet de réduire la durée des cycles de développement, favorise l'innovation et l'amélioration des produits. Il est donc pertinent pour les entreprises :

- qui ont des produits multiples s'adressant à des clients différents ;
- dont les cycles de vie et de développement sont courts ;
- et/ou dont l'avantage concurrentiel est issu des innovations et des améliorations de produits.

Il y a ensuite les divisions par clients (ou marchés). Un cabinet de conseil, spécialisé en organisation et management, est subdivisé en pôles autour de quatre grandes catégories de clients : les entreprises industrielles, les banques et les assurances, la fonction publique et les hôpitaux. Le regroupement divisionnel par clients permet d'offrir à ces derniers un point d'entrée unique, favorise le développement de produits spécifiques et de services dédiés. Ce mode de regroupement est donc recommandé aux entreprises :

- qui ont des clients puissants en attente de solutions personnalisées ;
- dont l'avantage concurrentiel repose sur une bonne connaissance des marchés ;
- ou qui ont une clientèle suffisamment « segmentable » pour que des produits ou services spécifiques soient offerts à chaque catégorie de clients.

Il y a enfin les divisions géographiques. Un groupe pétrolier est organisé autour de quatre zones géographiques : l'Europe, les Amériques, le Moyen-Orient et l'Asie. Ce regroupement divisionnel permet de tirer le meilleur parti des ressources locales et favorise la personnalisation des produits. Il est adapté quand le transport des matières premières et des produits finis est coûteux ou quand l'entreprise fournit un service sur site. Il est également pertinent dans les cas où les habitudes de consommation locales varient de manière significative ou encore dans les secteurs où le cadre réglementaire est très contraignant et où les gouvernements sont très interventionnistes.

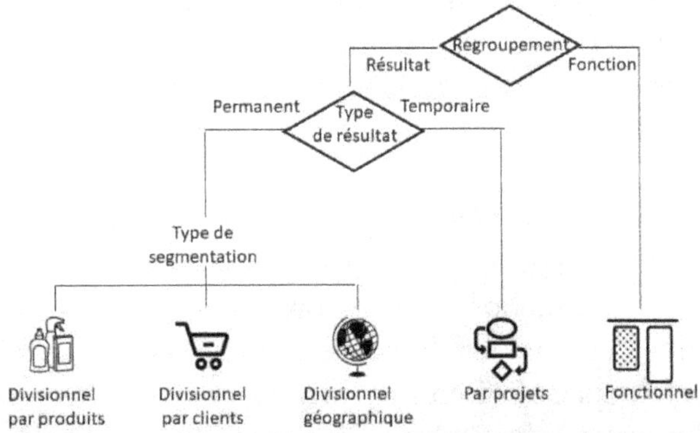

Figure N°7 :
Les 4 variantes du mode de regroupement divisionnel

Les organisations hybrides

Une entreprise de télécommunications met en place deux *Business Units* (BU) pour ses activités de Recherche & Développement et de marketing. Les BU sont centrées sur des technologies différentes : transmission sans fil d'un côté, transmission par câble de l'autre. Elles cohabitent avec les entités de production (une direction industrielle regroupe quatre usines) et de commercialisation (une même direction regroupe les ventes sur le territoire français et les ventes à l'international).

Dans cette entreprise de télécommunications, plusieurs modes de regroupement sont présents au même niveau organisationnel. Les activités de R&D et de marketing sont regroupées dans deux divisions par produits ; les quatre usines se trouvent dans une direction industrielle selon un regroupement fonctionnel ; enfin, les activités de vente siègent dans une direction commerciale également organisée selon un regroupement fonctionnel. Par conséquent, aucun des deux modes de regroupement ne se retrouve à l'état pur dans cette organisation. Celle-ci n'est ni complètement fonctionnelle ni entièrement divisionnelle. Elle est dite hybride.

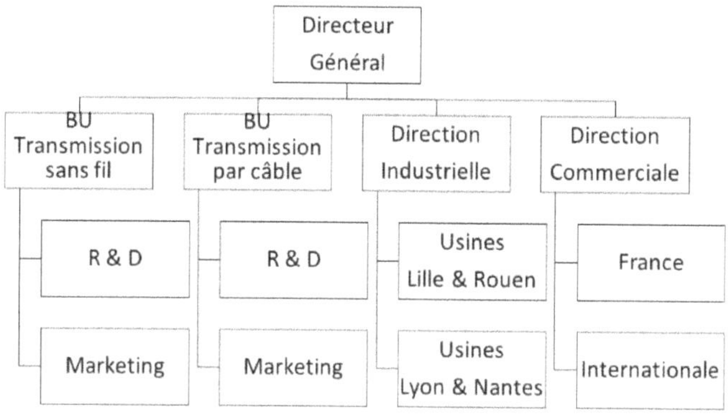

Figure N°8 :
L'exemple d'une organisation hybride

Les organisations hybrides cherchent à tirer le meilleur parti de chacun des deux modes de regroupement. Dans le cas de l'entreprise de télécommunications, les stratégies poursuivies pour les produits de transmission sans fil et de transmission par câble sont très différentes. Les enjeux et les avantages concurrentiels recherchés varient fortement. C'est pourquoi l'entreprise opte pour un regroupement divisionnel par produits pour organiser ses activités de R&D et de marketing. Ce choix lui permet d'aligner les activités de développement et de marketing sur ses deux principaux segments stratégiques et, ainsi, de déployer des stratégies de différenciation différentes, sans contamination de l'une sur l'autre.

Au niveau des activités de développement et de marketing, les économies d'échelle sont faibles. Le mode de regroupement divisionnel comporte donc peu d'inconvénients. C'est l'inverse au niveau de la production et de la commercialisation. Rester dans un regroupement divisionnel par produits pour les activités de production interdirait de bénéficier de réelles économies d'échelle en matière de fabrication et d'approvisionnement. Du coup, l'entreprise décide de basculer dans un regroupement fonctionnel et choisit de créer une seule et unique direction industrielle. C'est la même chose pour les activités de vente : certains clients achètent à la fois des produits de transmission sans fil et de transmission par câble. Le regroupement fonctionnel, qui réunit l'ensemble des activités commerciales au sein d'une même direction, permet qu'un seul vendeur propose aux mêmes clients des produits issus de *Business Units* différentes.

Organisation fonctionnelle ou divisionnelle

Pour qualifier une organisation, il convient d'examiner aussi bien le mode de regroupement du tout que celui de chacune de ses parties[4]. Une organisation peut être fonctionnelle, plutôt fonctionnelle, plutôt divisionnelle ou divisionnelle.

Une organisation est fonctionnelle quand le tout et l'ensemble des parties qui le composent relèvent d'un mode de regroupement fonctionnel. C'est le cas d'une direction des RH, par exemple, dont les activités sont regroupées dans trois services fonctionnels : développement des talents, relations sociales et administration du personnel. Au même titre que le tout (la DRH), chaque partie est fonctionnelle.

A contrario, une organisation est plutôt fonctionnelle quand l'ensemble des parties relèvent d'un mode de regroupement fonctionnel mais que le tout s'inscrit, lui, dans un mode de regroupement divisionnel. Beaucoup de PME peu diversifiées sont organisées de cette manière. Les directions relèvent d'un mode de regroupement fonctionnel (direction R&D, direction de la production et direction commerciale) mais le patron porte un tout (l'entreprise) qui, lui, est divisionnel.

---

[4] Comme précisé au chapitre 1, toute organisation représente un tout composé de parties : une entreprise est composée de divisions et de directions ; une direction regroupe des services ; un service réunit des équipes ; une équipe rassemble des activités ; etc.

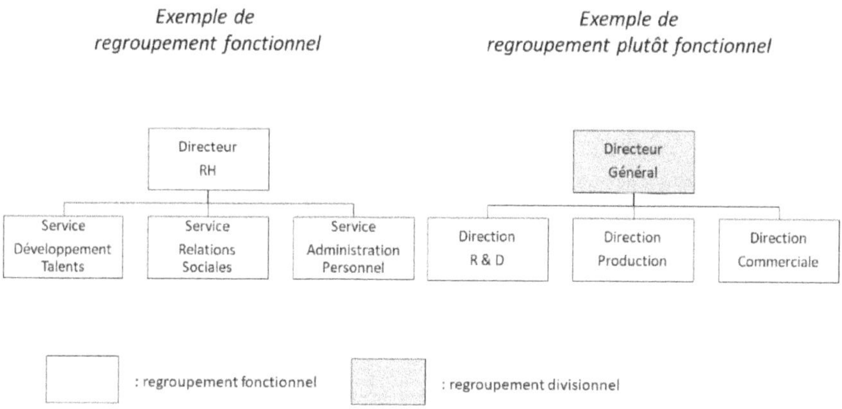

Figure N°9 :
Exemples de regroupements fonctionnel et plutôt fonctionnel

Une organisation hybride est plutôt fonctionnelle quand les parties relèvent des deux modes de regroupement (fonctionnel/divisionnel) et que le tout s'inscrit dans une logique fonctionnelle. Les entités de certaines directions des RH relèvent à la fois d'un mode de regroupement fonctionnel (service des relations sociales, service de l'administration du personnel…) et d'un mode de regroupement divisionnel (responsable RH pour le site A, responsable RH pour le site B…. par exemple). La direction des RH, le tout, est fonctionnelle dans la mesure où elle regroupe exclusivement des activités de gestion des ressources humaines.

En revanche, une organisation hybride est plutôt divisionnelle quand les parties relèvent des deux modes de regroupement (fonctionnel/divisionnel) et que le tout s'inscrit dans une logique divisionnelle. C'est le cas de l'entreprise de télécommunications prise en exemple plus haut pour illustrer les organisations hybrides. Les parties sont à la fois divisionnelles (les deux BU) et fonctionnelles (la direction industrielle et la direction commerciale). Le tout, l'entreprise, est, lui, divisionnel.

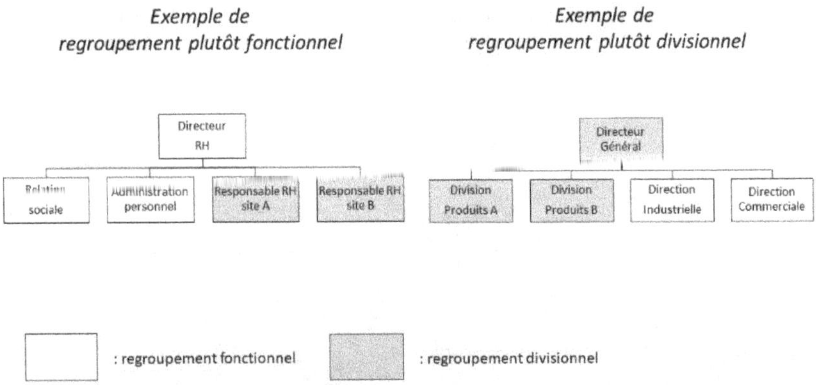

Figure N°10 :
Le cas des organisations hybrides

Une organisation est divisionnelle quand le tout et l'ensemble des parties relèvent d'un mode de regroupement divisionnel. C'est le cas, par exemple, des directions régionales de nombre d'enseignes de grande distribution qui regroupent des magasins répartis sur un même territoire. Les magasins (les parties) et la direction régionale (le tout) relèvent tous d'un mode de regroupement divisionnel géographique.

A contrario, une organisation est plutôt divisionnelle quand l'ensemble des parties relèvent d'un mode de regroupement divisionnel mais que le tout s'inscrit, lui, dans un mode de regroupement fonctionnel. La direction du développement informatique d'une grande banque regroupe un ensemble de projets. Les parties (les projets) relèvent d'un mode de regroupement divisionnel et le tout (la direction) est, lui, fonctionnel dans la mesure où il regroupe un ensemble de projets de même nature.

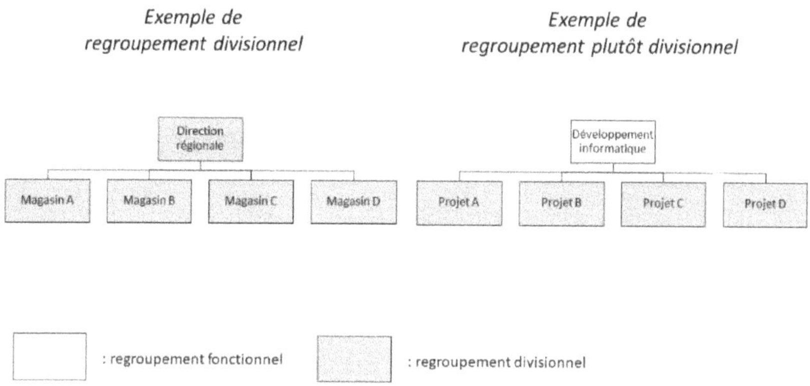

Figure N°11 :
Exemples de regroupements divisionnel et plutôt divisionnel

De fortes implications managériales

Je suis toujours étonné que la question du mode de regroupement des activités ne soit pas plus abordée dans les formations au management. Car si managers fonctionnels et divisionnels font tous du management, la similitude s'arrête là. Le manager fonctionnel, c'est-à-dire le manager à la tête d'une entité relevant d'un mode de regroupement des activités fonctionnel, est un spécialiste qui anime une équipe de spécialistes. Il a en général été nommé manager parce qu'il était le meilleur des spécialistes. Il tire sa légitimité de son expertise technique. Il est très difficile de l'évaluer sur des résultats puisqu'il est « seulement » redevable de la bonne exécution d'une fonction.

Au contraire, le manager divisionnel, celui qui chapeaute une entité relevant d'un mode de regroupement divisionnel, est un généraliste qui ne peut pas posséder l'ensemble des compétences des membres de son équipe. Il ne peut donc pas tirer sa légitimité de son expertise technique, au moins auprès de tous ses collaborateurs. En revanche, contrairement au manager fonctionnel, il est redevable de résultats facilement évaluables car aisément rapportés aux objectifs fixés.

Il est ainsi fondamental pour un manager de bien comprendre le mode de regroupement des activités dont relève l'entité sous sa responsabilité. Cela structure la manière dont il est évalué, la source de sa légitimité et de sa crédibilité auprès de ses collaborateurs, le mode d'animation de son équipe... Bref, l'ensemble de l'exercice de la fonction de management. Par ailleurs, les deux types de managers (fonctionnels et divisionnels) sont tellement différents que l'on peut se poser la question de la pertinence de tout référentiel de management qui prétendrait décrire les compétences managériales de manière universelle

CHAPITRE 4
L'orientation de l'action

L'orientation de l'action au sein de l'organisation est le troisième paramètre de conception. Il regroupe les deux forces en tension suivantes : orientation de l'action verticale et orientation de l'action horizontale. Bien comprendre cette problématique nécessite de savoir caractériser la profondeur et la largeur d'une organisation puis de clarifier deux notions clés : le besoin de coordination d'une part, les différents types d'autorité d'autre part.

Profondeur et largeur d'une organisation

La profondeur d'une organisation pose la question du nombre de niveaux d'agrégation que l'on qualifie parfois un peu rapidement de niveaux hiérarchiques[5]. La largeur, elle, est caractérisée par le *span of control* (superficie de contrôle ou encore éventail de subordination en français), c'est-à-dire par le nombre d'entités de niveau organisationnel équivalent regroupées au sein d'une même entité de rang supérieur (le nombre de parties d'un même tout).

Le *span of control* moyen est inversement proportionnel au nombre de niveaux d'agrégation. Diminuer le nombre de niveaux d'agrégation pour aplatir l'organisation revient à augmenter son *span of control* moyen. De la même manière, diminuer ce dernier se traduit mécaniquement par une augmentation du nombre de niveaux d'agrégation.

Prenons un exemple fictif à titre pédagogique : une entreprise compte 4096 entités opérationnelles. Elle peut s'organiser au moins de deux manières différentes. Si elle considère que chaque entité de

---

[5] Cela présume que le tout possède une autorité hiérarchique sur les parties, ce qui est fréquent mais pas systématique.

rang supérieur ne peut regrouper en moyenne que quatre entités de rang inférieur, elle comptera sept niveaux d'agrégation. En revanche, si elle pense qu'elle peut doubler son *span of control* moyen pour le porter à huit, elle ne comptera plus que cinq niveaux d'agrégation. L'organisation de la première est qualifiée de « pointue », celle de la seconde de « plate ».

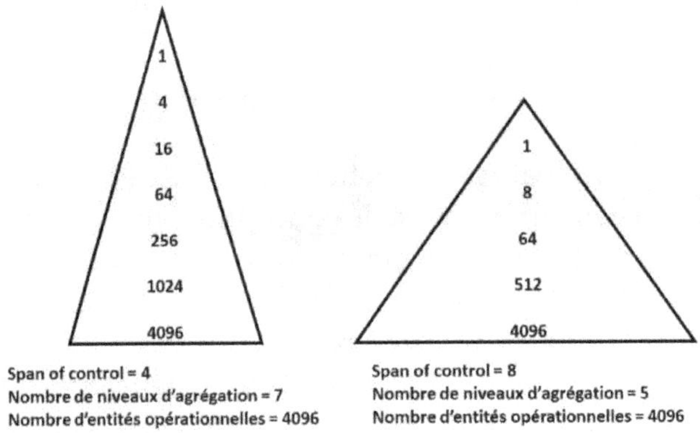

Figure N°12 :
Organisations pointue et plate

En plus d'être coûteux, un nombre trop important de niveaux d'agrégation complexifie la prise de décision, ralentit la circulation de l'information et dilue les responsabilités au sein de l'organisation. A l'inverse, un *span of control* trop large se traduit par un déficit de management et donc, en général, une perte de performance de l'organisation.

Les ouvrages d'organisation abondent de propositions sur le « bon » nombre de niveaux d'agrégation et le *span of control* optimal. Par exemple, selon Elliott Jaques (2006) et sa fameuse *Requisite Organization,* une entreprise ne doit pas avoir plus de sept niveaux d'agrégation. Son raisonnement est étayé par l'horizon temporel maximal dans lequel s'inscrivent les responsabilités de chacun des niveaux : de un jour à trois mois pour les opérationnels au plus bas niveau jusqu'à 20 ans et plus pour le CEO (*Chief Executive Officer*) en haut de la pyramide organisationnelle.

Quant au *span of control,* le chiffre 6 a longtemps été retenu. Cela provient de la formule mathématique suivante due à Vytautus Graiciuras (1937) : $R = n(2^{n-1} + (n-1))$ où « n » représente le nombre d'entités regroupées au sein de la même entité de niveau supérieur et « R » le nombre de relations à gérer entre elles (relations bilatérales avec chacune des entités, relations de groupe et relations entre entités). Du coup, il y a 222 relations différentes avec 6 entités, 100 avec 5 et 490 avec 7.

On retrouve là des relents du *one best way*. Cela n'a évidemment aucun sens de soutenir que, dans l'absolu, une organisation ne doit pas avoir plus de 7 niveaux d'agrégation et qu'il est impossible de regrouper plus de 6 entités au sein de la même entité de rang supérieur. Et pourtant, la loi dite du « 7 par 7 » traîne encore aujourd'hui dans nombre d'entreprises. Cela signifie que l'organisation optimale compte 7 niveaux d'agrégation et un *span of control* moyen de 7. Toutes les organisations doivent-elles donc employer 137 257 personnes ?

Le besoin de coordination entre les entités

Le besoin de coordination entre les entités d'un même niveau organisationnel dépend de trois critères. D'abord de la densité des interactions entre elles. Deux divisions « produits » qui ont des clients communs doivent interagir pour élaborer des offres globales beaucoup plus souvent que deux divisions centrées sur des marchés étanches. Le besoin de coordination entre les deux divisions sera plus important dans le premier cas que dans le second.

Le besoin de coordination dépend ensuite de la nature et de la variété des modes de regroupement des activités au sein des entités. Entre des entités fonctionnelles, il est beaucoup plus important qu'entre des entités divisionnelles. Les entités fonctionnelles ont besoin de travailler ensemble pour atteindre un même but puisque, par construction, elles sont dédiées à une fonction spécifique et non à un résultat commun. Les entités divisionnelles peuvent, elles, plus facilement œuvrer chacune dans leur coin pour atteindre leurs résultats propres. Par ailleurs, dans les organisations hybrides, qui mixent les modes de regroupement fonctionnel et divisionnel, le besoin de coordination est plus important que dans les organisations unidimensionnelles quel que soit leur type. Certaines entités cherchent les économies d'échelle et les mutualisations de moyens, d'autres la proximité et la différenciation. Bref, les sources de divergence, voire de dissension, sont nombreuses et le besoin d'arbitrage important.

Le fractionnement et le degré de spécialisation des entités est le troisième critère permettant de qualifier le besoin de coordination. Plus le travail est divisé et spécialisé, plus les entités sont nombreuses, et plus le besoin de coordination entre elles est important.

Trois types d'autorité statutaire

On distingue couramment trois types d'autorité statutaire. L'autorité hiérarchique, d'abord, qui est une autorité sur les personnes. Comparable au pouvoir exécutif, elle s'exerce dans le domaine de l'action (exécution du travail, production de résultats opérationnels en fonction d'objectifs prédéfinis…). Elle se traduit par un pouvoir de récompense (primes, augmentations de salaire, promotions…) et de sanction (avertissements, mises à pied, licenciements…). Ce que l'on appelle couramment la « carotte » et le « bâton ».

L'autorité fonctionnelle, ensuite, est une autorité qui s'exerce sur les activités. Comparable au pouvoir législatif, elle s'applique aux modalités de l'action, c'est-à-dire à la manière de faire les choses. Elle se traduit en général par le pouvoir d'édicter des règles et la capacité de contrôler leur bonne application.

L'autorité de compétence, enfin, est déléguée sur la base de savoirs et de connaissances. La personne qui détient cette autorité est consultée en amont des décisions qui relèvent de son domaine d'expertise.

L'autorité hiérarchique ne prête en général pas à confusion. En revanche, bien comprendre la différence entre autorité fonctionnelle et autorité de compétence est primordial pour saisir la manière dont l'action est orientée au sein d'une organisation. Cela nécessite de distinguer les différentes étapes d'un processus de décision. A cet égard, Thomas Paterson (1969) propose une grille de lecture particulièrement utile. Pour lui, un processus de décision comporte six étapes : (1) collecte des informations nécessaires à la prise de décision ; (2) conseil sur les alternatives envisageables ; (3) choix de l'option la plus satisfaisante ; (4) validation de la solution retenue ; (5) mise en œuvre de la décision ; (6) contrôle de la bonne exécution de la décision.

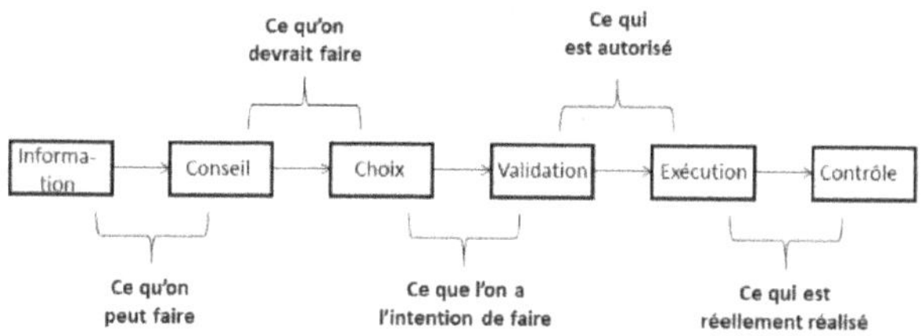

Figure N°13 :
Les 6 étapes d'un processus de décision

L'autorité de compétence permet d'intervenir en amont du choix lors des deux premières étapes du processus de décision (information et conseil). L'autorité fonctionnelle s'exerce, elle, en aval du choix. Elle permet de participer à sa validation et de contrôler la conformité de son exécution. C'est la raison pour laquelle seule l'autorité fonctionnelle est considérée comme une autorité digne de ce nom. A ce titre, contrairement à l'autorité de compétence, elle apparaît de manière explicite sur les organigrammes. Ce sont les *dotted lines* (traits pointillés), les *solid lines* (traits pleins) étant réservées à l'autorité hiérarchique.

Les organisations verticales

Les orientations verticale et horizontale sont les deux forces en tension qui composent le paramètre de conception « Orientation de l'action », laquelle peut prendre quatre formes très différentes : verticale, plutôt verticale, plutôt horizontale ou horizontale.

Quand le besoin de coordination entre les entités est très faible voire inexistant, l'orientation de l'action est verticale. La profondeur de l'organisation est importante, sa largeur réduite au maximum. L'ensemble des activités et des étapes des processus de décisions sont logées dans les « silos » verticaux, les seuls aspects horizontaux formalisés étant constitués de procédures, de réunions et d'éventuelles instances permettant d'échanger des informations, des savoirs et/ou des pratiques.

L'orientation de l'action est plutôt verticale quand l'essentiel des activités et des étapes des processus de décisions sont logées dans les « silos » verticaux mais certains rôles et/ou fonctions transverses bénéficient d'une autorité de compétence permettant de coordonner horizontalement certains sujets critiques.

Les rôles transverses sont tenus par des opérationnels. A temps partiels, ils s'ajoutent à leurs missions habituelles et permettent d'assurer la liaison entre leur entité d'appartenance et une ou plusieurs autres entités. Par exemple, un centre hospitalier décide de mettre en place des correspondants qualité. Leur rôle est défini de la manière suivante : « Véritable relais de la cellule qualité, au sein de son service et au-delà de son activité principale, le correspondant qualité se doit de dynamiser la démarche qualité. Cette mission, qui nécessite de bien connaître les principes qualité, devra s'exercer en étroite collaboration avec l'encadrement qui reste responsable de la qualité dans le service… L'objectif principal est de créer une dynamique qualité au sein des services et de faire vivre la démarche au plus près des acteurs de l'hôpital. Le correspondant qualité doit permettre d'assurer le relais de l'information entre le service et la cellule qualité et aussi entre la cellule qualité et le service… Ses principales missions sont : aider à la diffusion et à la transmission des informations ; participer à la gestion documentaire ; assurer un rôle sentinelle ; participer à des actions ponctuelles ; aider à la présentation du dispositif qualité aux nouveaux personnels. »

Les fonctions transverses sont, elles, exercées à plein temps. Les responsables grands comptes en sont de bons exemples. Une entreprise industrielle commercialise trois types de produits : A, B et C. Longtemps, les clients de chacun de ces produits sont différents. L'entreprise a ainsi spécialisé ses vendeurs par type de produits. Mais depuis quelques années, elle cherche à vendre davantage « des systèmes que des produits à part entière ». Cette politique commerciale est couronnée de succès, notamment auprès de certains grands comptes. L'entreprise se heurte alors à un problème lié à son organisation : plusieurs vendeurs mènent auprès des mêmes clients des démarches commerciales parallèles sans aucune concertation. Certains clients commencent à sévèrement gronder. L'entreprise décide alors, pour chacun des grands comptes, de nommer des responsables en charge de la coordination commerciale. Ils jouent un rôle d'interface avec les grands comptes et sont responsables de l'élaboration des offres multiproduits.

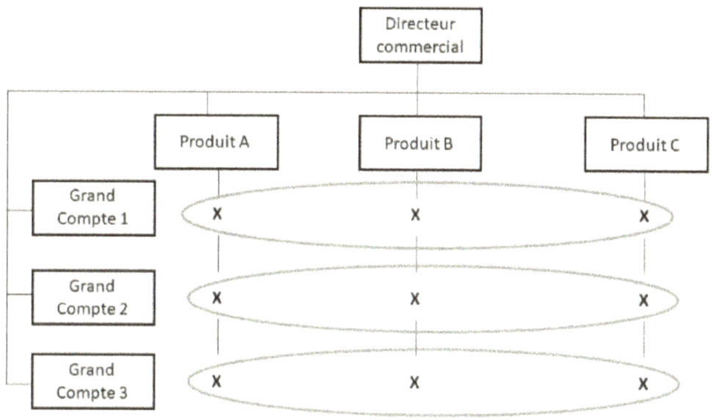

Figure N°14 :
Responsable grand compte : un exemple de fonction transverse

L'organisation matricielle

On commence à parler d'organisation horizontale plutôt que d'organisation verticale dès lors que, au-delà des « silos » verticaux au sein desquels reste logée l'autorité hiérarchique, certaines entités horizontales bénéficient d'une autorité fonctionnelle, ce qui rend le fonctionnement matriciel.

Le découplage des autorités hiérarchique et fonctionnelle place la coopération au cœur de la matrice. L'autorité est partagée entre ceux en charge d'obtenir des résultats liés à l'activité de l'entreprise et ceux qui veillent à la gestion de ses ressources (financières, technologiques, matérielles et humaines). L'efficience, c'est-à-dire la manière dont les ressources sont utilisées, est un enjeu stratégique aussi important que l'efficacité. La production de la performance nécessite une collaboration entre deux catégories de protagonistes qui détiennent chacun une partie de l'autorité. Les premiers ne peuvent pas être performants sans les seconds, et réciproquement.

Chaque versant de la matrice porte une logique organisationnelle différente répondant à un objectif stratégique spécifique. A l'intersection des lignes et des colonnes se trouvent les « nœuds » de la matrice, c'est-à-dire les entités charnières qui rapportent à la fois à une entité verticale et horizontale de rang supérieur. Le fonctionnement matriciel remet en cause le principe de l'unicité de commandement édicté par Henri Fayol (1916) il y a plus d'un siècle. Les « nœuds » de la matrice n'ont plus un seul « chef » mais au moins deux.

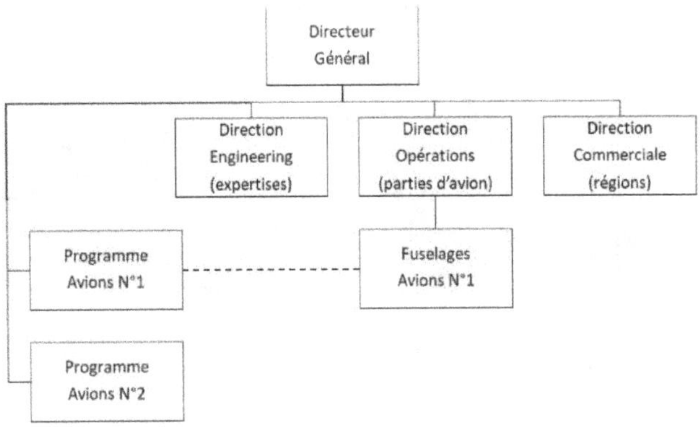

Figure N°15 :
Exemple d'organisation matricielle

L'organisation reconfigurable

Une organisation est complétement horizontale quand l'essentiel des activités et des étapes des processus de décisions est logé dans des entités horizontales. Ces dernières, souvent multidimensionnelles (par produits, marchés et/ou régions géographiques), permettent de poursuivre plusieurs objectifs stratégiques simultanément. Les entités verticales, elles, ne sont là que pour fournir des compétences. La profondeur de l'organisation est réduite à sa plus simple expression alors que sa largeur est portée à son maximum. L'organisation reconfigurable, dont Jay Galbraith (2002) a été le premier à formaliser les principes, en est un bon exemple.

La colonne vertébrale de l'organisation de ce cabinet de conseil français est constituée de quatre centres d'expertise : stratégie, organisation, gestion des ressources humaines et système d'information. Chacun d'eux est placé sous l'autorité d'un associé spécialiste du domaine. Le rôle de ce dernier est de développer et faire évoluer les expertises associées à son centre, de mettre au point des méthodologies et de faire monter en compétences les consultants. La vocation des centres d'expertise est d'alimenter en compétences les dimensions horizontales de l'organisation qui réalisent l'ensemble des activités opérationnelles du cabinet[6]. On peut regrouper ces dernières en deux catégories.

En premier lieu, les activités de production. A chaque fois que le cabinet gagne un contrat, il constitue une équipe projet. Le plus souvent, celle-ci se compose de consultants appartenant à des centres d'expertise différents. Le directeur de projet est responsable de la satisfaction du client et de la rentabilité du contrat. A ce titre, selon le principe de la parité exposé au chapitre 2, il exerce une autorité au quotidien sur les membres de son équipe projet et participe à leur évaluation annuelle. L'entretien annuel des consultants est, lui, conduit par les directeurs des centres d'expertise qui s'appuient sur les évaluations réalisées par les directeurs de projet tout au long de l'année.

La seconde catégorie d'activités transversales concerne le marketing et le développement des ventes. Le cabinet est positionné sur quatre marchés très différents : les entreprises industrielles, les banques et les assurances, les entreprises publiques et les établissements de santé. Chacun d'eux est placé sous la responsabilité d'un directeur de marché. Son rôle consiste à veiller son marché de manière à bien repérer les besoins de ses acteurs, élaborer des offres permettant d'y répondre, prospecter, répondre aux appels d'offre et suivre la satisfaction des comptes rattachés à son marché.

Dans l'exemple de ce cabinet conseil, à l'exception des activités de R&D (développer une expertise et des méthodologies) et de développement des compétences qui constituent l'ossature verticale de l'organisation, toutes les autres activités (la production, le marketing et le développement des ventes) sont transverses. L'organisation est

---

[6] Les managers verticaux et horizontaux n'ont pas les mêmes responsabilités. Les premiers sont chargés de l'acquisition, de l'évaluation et du développement des compétences, là où les seconds centrent leur action sur le travail du quotidien et la production de résultats opérationnels. Ce découplage des responsabilités, en général dans les mains d'un seul et unique manager, conduit Aaron De Smet, Sarah Kleinman et Kirsten Weerda (2019), en s'inspirant de la structure en double hélice de l'ADN, à parler d'*helix organization*.

dite reconfigurable pour deux raisons. D'abord parce que les dimensions transversales de l'organisation varient au gré de l'évolution des enjeux stratégiques du cabinet. Cela va sans dire pour les projets mais s'avère également être le cas du marketing et du développement des ventes. Par exemple, au regard de l'évolution de son activité, lors du prochain exercice, le cabinet va nommer un nouveau directeur de marché en charge des PME et des ETI. La seconde raison tient à la substitution de la notion de fonction par celle de rôle. Dans une organisation « classique », sauf exception, chaque personne exerce une fonction et une seule. Dans l'organisation reconfigurable, la plupart des personnes tiennent plusieurs rôles. Dans ce cabinet conseil, une même personne peut très bien être à la fois directeur d'un centre d'expertise, directeur d'un ou plusieurs projets et directeur de marché. C'est le cas d'ailleurs de la plupart des associés.

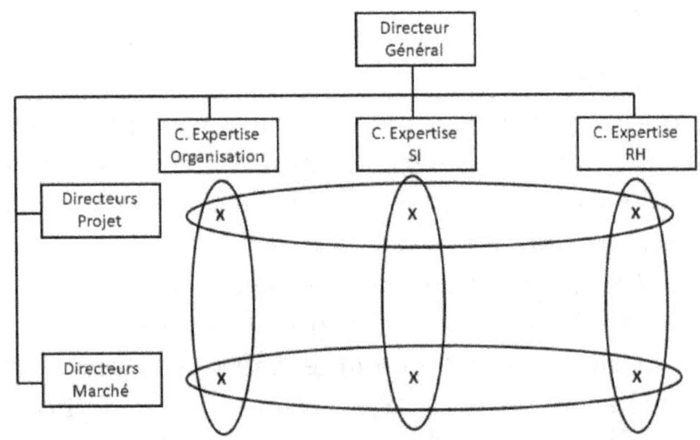

Figure N°16 :
Exemple d'organisation reconfigurable

Avantages et inconvénients de la verticalité

Dans une organisation verticale, il y a une continuité et une fluidité hiérarchique qui permettent un bon alignement de l'opérationnel sur le stratégique. L'information descend et monte de manière naturelle le long de la ligne hiérarchique. En général, cela rend l'organisation assez simple, lisible et la dote d'une stabilité reposante pour tout le monde.

Par ailleurs, les différentes entités verticales ont des identités propres et spécifiques. Cette différenciation organisationnelle permet la cohabitation de sous-cultures différentes et homogènes.

En revanche, quand la verticalité d'une organisation est trop forte, il risque d'y avoir des guerres de territoires et des querelles de clochers entre les entités. Cela se traduit par un manque de cohérence, d'unité et de but commun, voire par une absence de culture d'entreprise.

Apparaît alors un déficit de coopération entre les « silos » verticaux. Plutôt que d'y répondre en développant la transversalité à travers des modes de coordination, l'organisation est parfois prête à supporter des surcoûts pour diminuer le besoin de coopération. C'est l'exemple, cité par François Dupuy (2004), du couple qui acquiert un second poste de télévision : chacun peut regarder son programme dans son coin. Mari et femme n'ont besoin ni de se mettre d'accord ni de faire des compromis. Mais le coût du second téléviseur est le prix à payer de la non-coopération entre les époux.

En outre, une trop forte verticalité, associée à une profondeur de l'organisation conséquente, complexifie la prise de décision, ralentit la circulation de l'information et dilue les responsabilités au sein de l'organisation. Entre l'émetteur et le récepteur ou entre celui qui prend la décision et celui qui la met en œuvre, c'est l'homme qui a vu l'homme qui a vu l'homme qui a vu l'homme qui a vu l'ours.

Enfin, une organisation verticale est, par essence, unidimensionnelle. Elle est dans l'incapacité de porter plusieurs objectifs stratégiques simultanément et de faire cohabiter plusieurs logiques organisationnelles de nature différente. Cela réduit sa propension à faire face à des environnements complexes par définition multidimensionnels.

Avantages et inconvénients de l'horizontalité

Dans une organisation horizontale, les modes de coordination permettent une coopération transverse efficace et efficiente. Ils favorisent également l'uniformité du mode de fonctionnement des différentes entités.

Mais l'organisation horizontale est surtout propice à la multi-dimensionnalité. Elle permet de poursuivre plusieurs objectifs stratégiques simultanément. Par ailleurs, elle augmente les capacités de reconfiguration des entités entre elles et, ce faisant, dote l'entreprise d'une adaptabilité certaine. Enfin, les membres d'une organisation horizontale ne contribuent pas à une seule entité mais à plusieurs. C'est la raison pour laquelle, en général, la notion de rôle remplace celle de fonction. L'horizontalité atténue ainsi les guerres de territoires et les querelles de clochers en développant et en cultivant la multi-appartenance.

En revanche, l'horizontalité peut produire une uniformisation excessive ne permettant plus aux entités de faire valoir leurs spécificités. Le plus souvent, un trop plein d'horizontalité produit une dilution de l'autorité et des responsabilités en raison de rattachements multiples : l'autorité hiérarchique verticale et l'autorité voire les autorités fonctionnelles horizontales. La multi-dimensionnalité, permise par l'horizontalité, génère alors une complication excessive liée à l'empilement de couches organisationnelles : plus personne ne s'y retrouve dans ce millefeuille organisationnel. La multi-appartenance peut, elle, provoquer une perte d'identité : à force d'appartenir à plusieurs équipes en même temps, on ne s'identifie plus à aucune d'entre elles en particulier.

CHAPITRE 5
La responsabilité de la performance

Le quatrième des cinq paramètres de conception concerne la responsabilité de la performance au sein de l'organisation. Il est composé des deux forces en tension suivantes : responsabilités individuelle et collective. Bien comprendre cette problématique nécessite de clarifier (1) la notion de performance ; (2) la relation entre les deux grands types de performance ; (3) et la différence entre une pyramide hiérarchique et une équipe.

Performance = Efficacité + Efficience

La notion de performance suscite beaucoup de malentendus. C'est pourquoi elle est si difficile à aborder dans certains milieux, celui des associations ou de la fonction publique notamment. Si on accepte de considérer les aspects technologiques, environnementaux, sociaux... de la performance sans réduire la notion à sa seule dimension économique, alors les univers non lucratifs ne sont pas moins concernés que le monde de l'entreprise. En effet, qui est mieux placé que les associations pour produire de la performance sociale et sociétale ? A priori personne ! Mais pour le reconnaître encore faudrait-il que les associations acceptent d'aborder la question de leur performance et arrêtent de considérer, le terme même, comme péjoratif.

La performance est une notion complexe dans la mesure où elle comporte deux facettes à la fois complémentaires et antagonistes. La première, l'efficacité, est centrée sur la production de résultats ; la seconde, l'efficience, concerne la consommation de ressources. Une entité est plus efficace qu'une autre quand, à ressources équivalentes, elle produit de meilleurs résultats. A contrario, une entité est plus efficiente qu'une autre quand, à résultats équivalents, elle a consommé moins de ressources.

On dira d'une entité qu'elle est performante quand, d'une part, ses résultats sont à la hauteur des objectifs fixés et, d'autre part, les ressources qu'elle a consommées pour les atteindre n'excèdent pas celles allouées dans le cadre de son budget. Il est donc périlleux de déconnecter la fixation des objectifs de l'allocation des ressources comme c'est pourtant trop souvent le cas.

Quelles relations entre performance collective et performance individuelle ?

Une organisation caractérise l'agencement des parties d'un même tout. On parle de performance collective pour qualifier la performance du tout et de performance individuelle pour caractériser la performance de chacune des parties. La relation entre ces deux types de performance peut prendre deux formes très différentes.

Dans la première, la performance collective est égale à la somme des performances individuelles. Dans un service commercial composé de cinq vendeurs, si ces derniers proposent des produits différents à des clients différents sur des territoires différents, il y a de grandes chances que le chiffre d'affaires du service commercial soit égal à la somme des chiffres d'affaires réalisés par chacun des vendeurs. Dans ce cas de figure, le tout ne crée pas de valeur à part entière. C'est seulement un niveau de consolidation de la valeur créée par chacune des parties. Les objectifs étant individualisables, le responsable commercial peut décliner l'ensemble de la performance dont il est redevable sur chacun de ses vendeurs.

Dans le second cas, la performance collective se distingue de la somme des performances individuelles. « Le tout est plus que la somme des parties » a-t-on coutume de dire. Dans ce cas de figure, l'organisation produit des émergences grâce à des synergies souvent exprimées par l'équation « 1+1=3 ». Deux *Business Units* développent, produisent et commercialisent des produits différents sur des marchés spécifiques. En les intégrant dans un système organisé, l'entreprise bâtit une offre supplémentaire pour cibler de nouveaux marchés. Les émergences produites dotent la performance collective de qualités et de propriétés différentes de celles de chacune des performances individuelles prises isolément.

On oublie trop souvent que quand la performance collective n'est pas égale à la somme des performances individuelles, la première peut être supérieure à la somme des secondes mais elle peut aussi être inférieure. La notion de paresse sociale décrit le fait que tout individu tend à diminuer les efforts qu'il fournit en groupe, et ce de façon proportionnelle à la taille du groupe. Ce phénomène a été démontré dès la fin du XIXème siècle par Maximilien Ringelmann. Il a mesuré la force de traction d'un ensemble de personnes en demandant à chacune d'elles de tirer sur une corde. Seules d'abord, en groupe ensuite. Il a constaté qu'elles fournissaient moins d'efforts quand elles tiraient en groupe que quand elles étaient seules et que, ce faisant, la traction globale du groupe était toujours inférieure à la somme des tractions individuelles prises isolément.

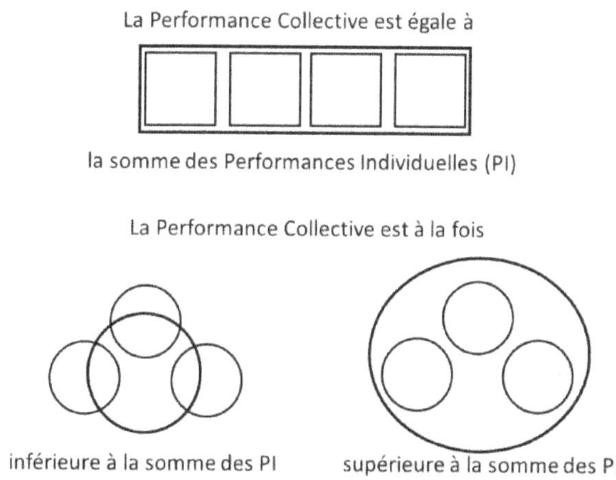

Figure N°17 :
La relation entre les performances individuelle et collective

Pyramide hiérarchique versus équipe

C'est au niveau de la responsabilité de la performance que se situe la différence fondamentale entre une pyramide hiérarchique et une équipe. Dans la première, la responsabilité de la performance collective est individuelle. Le manager est responsable de la production de ses collaborateurs. Il est responsable de résultats en grande partie produits par d'autres. C'est d'ailleurs au nom de cette responsabilité, et selon le principe de la parité exposé au chapitre 2, que l'institution lui délègue une autorité. Dans la seconde, au contraire, la responsabilité de la performance est collective. Une équipe est un ensemble de personnes mutuellement responsables d'une production obtenue collectivement. Chaque membre du groupe est coresponsable des résultats de l'équipe. La performance n'est plus incarnée par une personne, le manager, mais bien par un collectif : l'équipe.

Le fait que la responsabilité de la performance ne repose pas sur les épaules d'une seule personne favorise la coopération au sein de l'équipe. Tout le monde a intérêt à ce que les résultats soient bons, pas seulement le « chef ». Il n'y a pas d'un côté le manager dans une logique de résultats, et, de l'autre, ses collaborateurs dans une logique de moyens. Quand l'un des membres de l'équipe ne joue pas le jeu, il est en général rappelé à l'ordre par ses coéquipiers, surtout si la performance est sanctionnée par un bonus collectif. Au sein d'une équipe, la régulation s'effectue moins par le père que par les pairs. La régulation autonome se substitue à la régulation de contrôle[7].

Par ailleurs, une équipe possède l'autorité permettant à ses membres de prendre l'ensemble des décisions nécessaires à la réalisation de la production dont ils sont mutuellement responsables. Cela renforce l'autonomie de l'équipe vis-à-vis de la ligne hiérarchique mais également à l'égard des directions fonctionnelles (ressources humaines, contrôle de gestion, qualité…).

Organisations individuelles et collectives

Les responsabilités individuelle et collective sont les deux forces en tension qui composent le paramètre de conception « Responsabilité de la performance ». La première fait porter la responsabilité de la performance à un individu, la seconde l'affecte à un groupe. Au sein d'une organisation, la responsabilité de la performance peut prendre quatre formes différentes : individuelle, plutôt individuelle, plutôt collective ou collective.

Une organisation est individuelle dans deux cas de figure. D'abord, quand elle est composée d'entités de même niveau, indépendantes les unes des autres et sans réelles interactions entre elles.

---

[7] La régulation autonome désigne les règles que les membres d'un groupe se donnent par eux-mêmes, de l'intérieur. La régulation de contrôle qualifie, elle, les règles définies par un tiers, notamment par les directions fonctionnelles et les managers, pour prescrire les comportements et encadrer les marges de manœuvre des membres du groupe (Raynaud, 1989).

Chaque entité travaille en toute autonomie pour obtenir sa propre performance. Au mieux, les entités mutualisent un certain nombre de moyens dont elles se partagent les coûts. C'est le cas, par exemple, des cabinets d'avocats, de notaires ou encore de médecins qui ont chacun leur propre clientèle et partagent seulement des locaux et une assistante. Ici, chaque entité produit et est responsable de sa propre performance. La performance collective est bien égale à la somme des performances individuelles mais personne n'en porte la responsabilité.

Une organisation est également individuelle quand, dans le cadre d'une pyramide hiérarchique, seul le chef est placé dans une logique de résultats, ses collaborateurs étant, eux, dans une logique de moyens. Le chef est au centre de tout. Ses collaborateurs ne font qu'exécuter ses consignes. L'organisation est dite individuelle dans la mesure où la performance ne concerne qu'une seule et unique personne : le chef.

Une organisation plutôt individuelle prend également la forme d'une pyramide hiérarchique. La performance est placée sous la responsabilité d'un seul des membres de l'organisation, en général un manager. Mais, contrairement au cas de l'organisation individuelle, la performance résulte ici pour partie au moins de l'agrégation de résultats individuels obtenus par les collaborateurs du manager. C'est bien le directeur commercial qui devra rendre des comptes sur le chiffre d'affaires de la direction. Il en porte la responsabilité. Néanmoins, ce chiffre d'affaires résulte pour une large partie des chiffres d'affaires réalisés par chacun des vendeurs, eux-mêmes placés dans une logique de résultats. La responsabilité de la performance reste individuelle mais l'ensemble des membres de l'organisation y participent. Pour reprendre les termes de la blague de l'omelette aux lards dans laquelle on a coutume de dire que la poule est concernée là où le cochon est impliqué, dans une organisation plutôt individuelle, le manager est impliqué dans la performance et ses collaborateurs sont concernés.

Décliné à plusieurs niveaux organisationnels, ce principe donne à l'organisation la forme d'une cascade de pyramides hiérarchiques et met tout manager en situation de double appartenance : manager de la pyramide de rang inférieur et managé au sein de la pyramide de rang supérieur. Ce rôle de coordination verticale des managers est le moyen le plus courant de développer la profondeur d'une organisation[8].

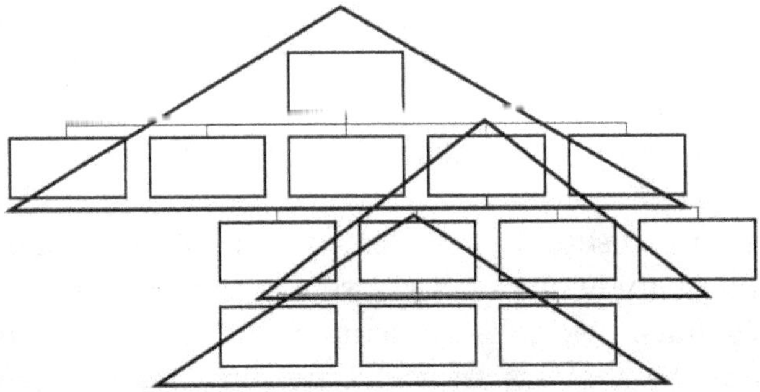

Figure N°18 :
Une cascade de pyramides hiérarchiques

Une organisation est collective quand la responsabilité de la performance est collective. C'est le cas d'une véritable équipe au sein de laquelle la responsabilité de la performance est partagée par l'ensemble de ses membres. La performance du tout est différente de la somme des performances des parties. La performance collective n'étant pas individualisable, seule l'équipe peut être responsable de sa propre performance. Dans ce cas de figure, il est contreproductif, voire nuisible, de reconnaître la performance par des modes de rétribution individuelle. Un bonus d'équipe sera bien plus adapté que des bonus individuels même si les membres du groupe peuvent décider de se distribuer l'enveloppe de manière individualisée.

Une organisation est plutôt collective quand la performance du tout est différente de la somme de celle des parties, mais que des entités de même niveau organisationnel y contribuent de manière clairement différenciée. Souvent, certaines entités sont en charge de l'efficacité alors que d'autres portent l'efficience. La performance ne se réduit ni à l'efficacité ni à l'efficience mais les deux facettes de la

---

[8] La notion de profondeur de l'organisation, précisée dans le chapitre 4, est caractérisée par son nombre de niveaux d'agrégation.

performance sont portées par des parties différentes du même tout.

Avantages et inconvénients de la responsabilité individuelle

L'organisation individuelle fait de la responsabilisation individuelle le moteur de la performance. Elle tire le meilleur parti de l'expertise et de la créativité individuelle et permet de valoriser les efforts et de favoriser la reconnaissance des résultats obtenus par chacun. Cette reconnaissance de la singularité favorise l'optimisation des potentiels. L'organisation individuelle recherche l'équité - des rétributions à la hauteur des contributions – là où l'organisation collective promeut plutôt l'égalité – les mêmes rétributions quelles que soient les contributions.

L'organisation individuelle est également très propice au développement d'une émulation compétitive en son sein. Les énergies s'en trouvent décuplées. Mais la compétition peut tourner à la confrontation contre-productive. Se développe alors une forme d'individualisme, une absence de solidarité et d'entre-aide : c'est le règne du chacun pour soi. L'absence d'identification collective interdit le développement de synergies et d'intelligence collective. L'organisation est alors incapable de relever les défis et les challenges collectifs.

Enfin, quand le tout est différent de la somme des parties mais que seule la performance individuelle est valorisée, chacun peut très bien avoir obtenu de très bons résultats sans que la performance globale ne soit au rendez-vous. On est individuellement performant et collectivement déficient.

Avantages et inconvénients de la responsabilité collective

Dans une organisation collective, la responsabilité de la performance est portée par tous les membres de l'équipe. On tire alors pleinement parti des synergies organisationnelles et, plus encore, de l'intelligence collective.

L'organisation collective permet de satisfaire les besoins sociaux des membres de l'équipe. Cela se traduit par un véritable sentiment d'appartenance et une identification au groupe. Le « Nous » devient plus fort que les « Je ». Au-delà de la solidarité et de l'entre-aide, l'égalité de traitement conjuguée au partage des responsabilités favorisent l'émergence d'une véritable émulation collective.

L'organisation collective fait sienne ce beau proverbe africain : « Seul on va plus vite, ensemble on va plus loin. »

Cependant, quand le collectif prend trop le pas sur l'individuel, le manque de reconnaissance des différences interindividuelles génère une iniquité et une injustice qui, ensemble, produisent de la démotivation. Les meilleurs quittent le navire. Des formes de « paresse sociale » s'installent structurellement et durablement au sein de l'organisation. On peut alors noter l'apparition de passagers clandestins.

La motivation n'est pas le seul facteur de performance à être impacté. On observe en général aussi une perte d'expertises individuelles, un nivellement par le bas et, en conséquence, une sous-optimisation du potentiel de chacun. S'installe alors un véritable cercle vicieux : l'absence de reconnaissance des mérites individuels produit un désengagement qui dégrade la performance ; la baisse substantielle de la performance diminue le montant des rétributions ; le faible montant à distribuer n'incite pas à faire des différences interindividuelles trop fortes ; etc.

CHAPITRE 6

La régulation des comportements

Le cinquième et dernier paramètre de conception concerne la régulation des comportements au sein de l'organisation. Les régulations formelle et informelle sont les deux forces en tension qui le structurent. Bien comprendre cette problématique nécessite de clarifier deux notions clés : les quatre niveaux de régulation des comportements d'une part, la différence entre logiques mécaniste et organique d'autre part.

Quatre niveaux de régulation des comportements

La régulation des comportements au sein d'une organisation peut être formelle et/ou informelle à quatre niveaux différents : les buts et les intentions ; les manières de faire ; les valeurs ; l'autorité.

	Dimension formelle	**Dimension informelle**
Buts	• Stratégie délibérée • Objectifs institutionnels	• Stratégie émergente • Enjeux personnels
Manières de faire	• Règles • Procédures • Modes opératoires	• Réseaux • Pratiques
Valeurs	• Déclarées	• Pratiquées
Types d'autorité	• Statutaire	• Personnelle

Tableau N°1 :
Les 4 niveaux de régulation des comportements

Les organisations étudiées dans cet ouvrage sont « artificielles » et non « naturelles » comme celle des cellules ou des organismes vivants. Ce sont des artefacts façonnés par leur but ou leur intention de manière à s'adapter à l'environnement dans lequel ils vivent (Simon, 1969). Au-delà de cette caractéristique fondamentale, le but des organisations qui nous intéressent ici comporte plusieurs facettes. Il est plus ou moins explicite, plus ou moins formalisé et, surtout, à la fois la cause et la conséquence de l'action. A cet égard, Henry Mintzberg (1994) montre que toute stratégie délibérée, c'est-à-dire issue d'une démarche intentionnelle, n'est jamais complètement mise en œuvre. Et que, par ailleurs, toute stratégie réalisée comporte toujours une partie émergente, issue de l'action et non prévue lors de la démarche originelle.

Par l'intermédiaire de son fameux management par les objectifs, Peter Drucker (1994) propose de décliner le but recherché et la stratégie délibérée en objectifs, puis de cascader ces derniers au sein de l'organisation. On parle d'objectifs par abus de langage. En étant plus rigoureux, on devrait plutôt parler d'objectifs institutionnels. Pourquoi ? Quiconque a fréquenté une entreprise ne serait-ce que quelques heures sait très bien que le but atteint est également le produit des enjeux des différentes parties prenantes, la résultante d'objectifs personnels souvent largement implicites et parfois beaucoup moins avouables que les objectifs institutionnels.

Le deuxième niveau de régulation des comportements concerne les manières de faire, celles que les précurseurs des organisations dites modernes du début du XXème siècle -Frederick Taylor (1911), Henri Fayol (1916) et Max Weber (1922)[9]- ont proposé de formaliser dans des modes opératoires, des définitions de poste, des procédures et des règles. Mais les organisations, même les plus bureaucratiques, n'ont jamais réussi à complètement éradiquer les réseaux informels et les pratiques non prévues dans les modes opératoires. On sait même aujourd'hui que ce sont en fait ces manières de faire informelles qui permettent aux organisations de fonctionner.

---

[9] Frederick Taylor (1911) rationalise l'organisation du travail, Henri Fayol (1916) l'activité de management et Max Weber (1922) un type d'organisation, le modèle bureaucratique, que je présenterai dans les chapitres 7 et 8.

D'ailleurs, le meilleur moyen de bloquer une organisation est de contraindre ses « habitants » à suivre les règles formelles au pied de la lettre.

Le troisième niveau de régulation des comportements s'applique aux valeurs. La culture d'une entreprise ne peut pas être représentée de manière exhaustive. C'est la raison pour laquelle on recourt fréquemment à la notion de valeurs. Les comportements et les pratiques, partie visible de la culture, sont l'expression de la mise en œuvre d'un système de valeurs. Mais attention, ces valeurs ne sont pas toujours celles qui figurent dans les chartes. Ce sont les valeurs que Chris Argyris (1993) qualifie de pratiquées, par opposition aux valeurs affichées, celles qui, comme je l'imageais dans un ouvrage précédent (Delavallée, 2002), figurent dans les murs et pas sur les murs.

Illustrons la différence entre valeurs affichées et pratiquées. Dans cette entreprise traditionnelle, un jeune embauché débarque avec une veste rouge. Il ne l'a portée qu'une journée, la première. Aucun code vestimentaire n'était précisé ni dans le guide du nouvel embauché ni dans le règlement intérieur. Personne ne lui a rien dit. Pourtant tout le monde s'est retourné en le croisant dans les couloirs. Sa tenue était dissonante avec l'une des valeurs pratiquées de l'entreprise : la discrétion.

L'autorité est le quatrième niveau de régulation des comportements. On distingue l'autorité statutaire de l'autorité personnelle. La première est déléguée par l'institution, déterminée par la règle et attachée à une fonction. Dire que Monsieur Dupont, directeur du marketing, décide de la politique de prix, est un abus de langage. Cette capacité de décision est attachée à la fonction de directeur du marketing. Quand Monsieur Dupont la quittera, Monsieur Durand, qui le remplacera, aura le même pouvoir de décision.

L'autorité personnelle est souvent assimilée au leadership. Contrairement à l'autorité statutaire, elle est liée à une personne et reconnue par ceux sur qui elle s'exerce. Quand Monsieur Durand remplacera Monsieur Dupont comme directeur du marketing, il bénéficiera de la même autorité statutaire mais pas de la même autorité personnelle. Il lui faudra acquérir cette dernière lors d'un processus de légitimation auprès des membres de son équipe et, plus largement, des parties prenantes à sa fonction.

Logiques mécaniste et organique

La distinction entre organisations mécanistes et organiques, issue des travaux déjà anciens de Tom Burns et G.M. Stalker (1961) sur le management de l'innovation, est intéressante pour bien comprendre la nature des modes de régulation des comportements.

Les organisations mécanistes sont faites de règles, procédures, modes opératoires, organigrammes et descriptions de fonction. L'organisation est appréhendée comme une machine mécanique et horlogère composée de rouages assemblés avec précision et parfaitement huilés. Rien n'est laissé au hasard. La spécialisation, la standardisation et la formalisation sont poussées aussi loin que possible. Une fois les tâches décrites et l'ordre de leur enchaînement précisé, on place les bonnes compétences aux bons endroits. La hiérarchie contrôle que le travail est réalisé conformément à la manière dont il a été défini. Le manager est d'abord un superviseur. Il est aussi un arbitre qui résout les problèmes dont les réponses ne se trouvent ni dans les procédures ni dans les modes opératoires.

Les organisations mécanistes sont centrées sur les activités (ce qui doit être exécuté), leur coordination et leur contrôle pour s'assurer de leur bonne exécution. Elles visent la normalisation, la standardisation et la reproduction des comportements à l'identique. Elles prétendent produire un niveau de conformité suffisant pour permettre la diminution des coûts unitaires de production et l'atteinte de standards de qualité prédéfinis.

Au contraire, les organisations organiques permettent l'agencement et le réagencement des compétences en fonction des contextes d'action. L'organisation est ici plutôt appréhendée comme un organisme vivant composé d'organes qui agissent de concert, de cellules et de molécules en perpétuel mouvement. Il s'agit de partir des compétences disponibles, c'est-à-dire non pas de ce qui doit être exécuté, comme dans les organisations mécanistes, mais de ce qui peut potentiellement être réalisé. On dessine ensuite les contours de l'autonomie à octroyer aux unités pour qu'elles puissent pleinement bénéficier du potentiel d'action de leurs compétences et, ce faisant, faire face aux aléas et aux imprévus. Enfin, on crée les conditions d'une coopération pour faire émerger des productions collectives temporaires, évolutives et reconfigurables.

La nature de la relation entre la structure et les individus illustre la différence fondamentale entre ces deux logiques organisationnelles. Dans la logique mécaniste, la structure est première ; les individus placés à son service. On cherche à mettre la bonne personne au bon endroit. Quand on recourt à la notion de compétence, c'est pour parler des compétences requises par les postes de travail ou les fonctions. Dans la logique organique, c'est le contraire : les individus sont premiers et la structure se met à leur service. La structure a vocation à tirer le meilleur parti des individus. Ici, quand on utilise la notion de compétence, c'est pour parler des compétences détenues par les individus.

Ces deux logiques sont actives dans chaque organisation mais à des degrés divers. Toute organisation présente des aspects mécanistes et d'autres organiques, seules les proportions varient.

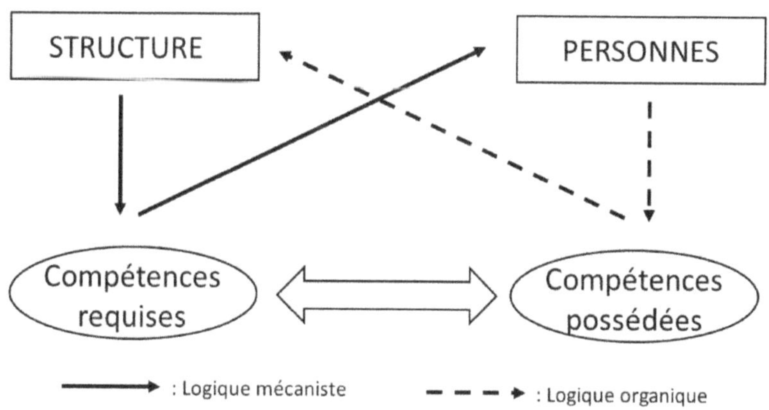

Figure 19 :
La relation structure/personnes selon les deux logiques

Organisations formelles et informelles

Au sein d'une organisation, la régulation des comportements peut prendre quatre formes très différentes : formelle, plutôt formelle, plutôt informelle ou informelle.

Héritées des précurseurs du début du XXème siècle, les organisations formelles sont hyper mécanistes. Les objectifs et la façon de les atteindre (activité à exécuter, comportements à adopter…) sont formalisés dans des règles, procédures, modes opératoires, définitions de poste… qui intègrent les spécificités des situations locales et qui, de ce fait, laissent aux personnes une autonomie réduite à la portion congrue. On recherche dans ce type d'organisation d'abord et avant tout de la conformité. L'informel n'existe que par défaut. On ne lui reconnaît aucune valeur ajoutée et on le considère comme de la « non organisation ». Quelle que soit la situation, on cherche donc à conformer l'informel au formel et à réduire au maximum l'autonomie laissée aux entités opérationnelles.

Dans les organisations plutôt formelles, les objectifs, les processus et les fonctions sont formalisés mais seulement de manière générique. Une marge d'adaptation locale est laissée au terrain pour faire face de manière informelle à la variété des situations ou à leur imprévisibilité. On reconnaît ici une valeur ajoutée organisationnelle à l'informel mais au niveau local uniquement et à l'intérieur d'un cadre formel non négociable.

On dira qu'une organisation est plutôt informelle quand, seuls les buts et les règles du jeu pour les atteindre sont formalisés. Le reste de la régulation des comportements provient des valeurs et des croyances de la culture, ce qui permet aux entités opérationnelles de bénéficier d'une autonomie substantielle. Le quantitatif est formalisé, notamment par des objectifs déclinés de la stratégie et fixés à chaque entité. En revanche, le qualitatif, en particulier quand il concerne les manières de faire et de se comporter, reste très largement informel. La culture d'entreprise, souvent très forte, constitue l'essentiel du ciment organisationnel.

Enfin, une organisation informelle est, par nature, organique. La dynamique organisationnelle est basée sur la combinaison évolutive des compétences par l'intermédiaire de réseaux informels enchevêtrés. On ne formalise que par défaut, avec méfiance, quand on ne peut vraiment pas faire autrement et seulement quand on est persuadé de la valeur ajoutée pour les entités et leurs relations. Il n'y a pas d'organigramme, encore moins de définitions de fonction. On y bannit du vocabulaire le mot procédure.

Avantages et inconvénients de la régulation formelle

L'organisation formelle est une forme de régulation des comportements individuels et collectifs qui favorise la standardisation, la reproductibilité et la répétitivité, autant de moyens de diminuer les coûts de revient. De la même manière, la formalisation favorise l'atteinte de standards de qualité élevés grâce à la conformité, la normalisation et l'uniformité des comportements.

En outre, la formalisation permet un haut niveau de contrôle, traçabilité, sécurité et une bonne adéquation des compétences. Formaliser est également un excellent moyen de partager et de capitaliser des informations de manière à réaliser des économies d'attention et des gains de temps. Enfin, la formalisation rend possible la coordination entre entités qui ont besoin de travailler ensemble à travers des rôles et des instances transverses.

Mais la formalisation a aussi ses travers. Excessive, elle peut déboucher sur des formes de bureaucratie qui génèrent lourdeurs et complications. La dépersonnalisation à laquelle elle est alors associée renforce la passivité, la sclérose, le désengagement et produit, dans certains cas, un étouffement se manifestant par un manque de respiration et de vitalité.

Un trop plein de standardisation est synonyme de rigidité et de lenteur. L'organisation n'est plus capable de s'adapter aux évolutions de son environnement. Quant au conformisme et au conservatisme inhérents à un excès de formalisation, ils se traduisent par une incapacité à innover et à sortir des sentiers battus. L'organisation reproduit à l'identique mais n'est plus capable de se régénérer et de changer.

Avantages et inconvénients de la régulation informelle

La régulation informelle favorise la prise d'initiative et la spontanéité des comportements. Elle permet l'adaptabilité et la réactivité nécessaires pour faire face à l'incertitude et à l'imprévisible. L'informel est également propice au développement de l'innovation et de la créativité.

Par ailleurs, la personnalisation et l'humanisation du fonctionnement informel sont propices à l'épanouissement des membres de l'organisation et à l'optimisation de leur potentiel. On est considéré, non pas seulement comme une ressource, mais aussi comme une personne. L'informel fait une place aux affects et leur reconnaît une valeur ajoutée organisationnelle alors que le formel cherche à les éradiquer.

Enfin, la coopération et les ajustements mutuels entre pairs, sans l'intervention d'un tiers externe à la collaboration, sont les seuls moyens de faire face à un niveau de complexité élevé lié à un nombre d'entités important devant interagir de manière rapide et peu prévisible. L'adaptabilité et la réactivité passent nécessairement, à un moment donné, par l'informel.

En revanche, un trop plein d'informel conjugué à un déficit de formalisation débouchent sur un manque de capitalisation et de mémoire organisationnelle : « On réinvente la roue pour un oui ou pour un non. » Le fonctionnement devient « personne dépendant ». Les jeux politiques, le contrôle de zones d'incertitude et les monopoles organisationnels génèrent alors des blocages préjudiciables aussi bien à l'efficacité qu'à l'efficience.

La forte hétérogénéité, variabilité et instabilité des interactions se traduit par un manque de repères pour tout le monde. Le fonctionnement « anarchique » qui en découle produit un désordre organisationnel néfaste à la sérénité et à la performance. Le manque de conformité peut également générer un niveau de qualité variable et inférieur aux standards attendus.

CHAPITRE 7
L'exemple d'une entreprise d'ingénierie

L'exemple exposé en clôture de cette première partie poursuit un double objectif : d'une part, illustrer concrètement la reconstitution du profil organisationnel d'une entité à partir des cinq paramètres de conception tout en mettant en exergue sa nature systémique ; d'autre part, montrer les limites de l'alignement stratégique dans un contexte de changement permanent.

L'entreprise d'ingénierie (ING) en quelques mots

ING est une entreprise française de services dont la proposition de valeur est simple : mettre à disposition des départements de Recherche & Développement des compétences d'ingénierie. Fondée au milieu des années 1990 par un ingénieur visionnaire et entrepreneur, ING connaît un succès rapide en se développant principalement par croissance externe. Sa stratégie consiste à racheter des petites entreprises pour étendre sa couverture sectorielle en France d'abord, en Europe ensuite. Cette stratégie lui a permis de s'implanter rapidement dans la quasi-totalité des pays européens et d'être présente sur un large spectre de secteurs d'activité : des télécommunications à l'automobile en passant par l'aérospatial et la banque & l'assurance.

A la fin des années 2000, l'entreprise compte plusieurs milliers de salariés. L'entreprise est organisée par zones géographiques. Elle compte une direction France (qui pèse environ 60% du chiffre d'affaires) composée de régions et deux *clusters* (Europe du Nord et Europe du Sud) découpés en pays. Les régions et les pays sont multisectoriels.

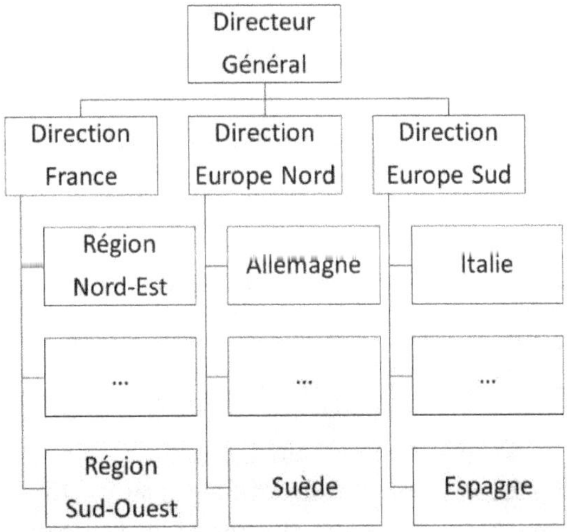

Figure 20 :
La structure géographique d'ING

Le profil organisationnel

Les régions de la direction France et les pays des *clusters* regroupent les entreprises qu'ING a rachetées au fil des années sans véritablement les intégrer. Leurs patrons sont devenus les *business managers* d'entités qui ont gardé une très forte autonomie au sein de la structure. Seule la stratégie, relativement peu formalisée car très opportuniste, leur échappe. L'ensemble des décisions opérationnelles et tactiques sont entre leurs mains. L'allocation de l'autorité est ainsi « Plutôt locale ».

Les activités des directions France, Europe du Nord et Europe du Sud relèvent d'un mode de regroupement divisionnel géographique. Il en va de même de l'entreprise dans sa globalité. Le tout et les parties sont divisionnels. En matière de regroupement des activités, l'organisation est donc « Divisionnelle ».

Chaque entité travaille dans son coin, sur son marché, avec ses propres clients… sans véritablement interagir avec les autres. Il y a bien quelques comités transverses, notamment sectoriels, mais de l'avis de chacun ils sont peu efficaces et peu efficients. Même le comité de direction dysfonctionne. Pour le Directeur Général, « la transversalité n'est pas dans la culture d'entreprise. Chacun travaille dans son coin en confondant autonomie et indépendance. Toutes les tentatives de fonctionnement transverse se font aux forceps ».

L'orientation de l'action est ainsi « Verticale ».

Du Directeur Général aux *business managers,* chacun est à la tête d'un compte de résultats. Par ailleurs, la culture d'entreprise, largement partagée par les anciens patrons de PME, est très orientée *business.* En termes de performance, chaque niveau organisationnel agrège les performances des entités qu'il englobe : la performance de l'entreprise est égale à la somme des performances des trois directions géographiques ; la performance de la direction France est égale à la somme des performances des régions ; etc. La responsabilité de la performance individuelle est ainsi largement cascadée sans aucune trace de responsabilité collective. La responsabilité de la performance, quatrième paramètre de conception, est donc « Plutôt individuelle ».

Enfin, en matière de régulation des comportements, à l'exception des objectifs et du processus budgétaire, peu de choses sont formalisées. La culture est largement orale et les réticences à la formalisation resurgissent régulièrement. C'est uniquement la taille de l'entreprise, devenue conséquente, qui a contraint le Directeur Général à décider de formaliser un processus de déclinaison des objectifs, d'allocation et de suivi des ressources. La régulation des comportements est ainsi « Plutôt informelle ».

Au total, le profil organisationnel d'ING est le suivant :

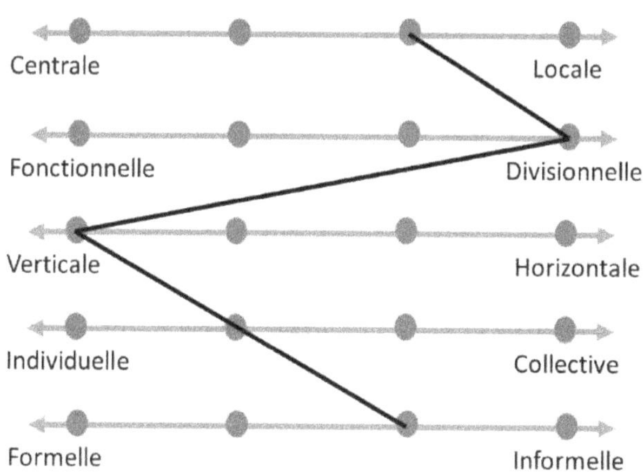

Figure 21 :
Le profil organisationnel d'ING

Le tournant de 2009

D'un point de vue économique, ING se porte plutôt bien : elle est profitable et en croissance constante. Mais l'entreprise présente un déficit de profitabilité par rapport à ses principaux concurrents qui se creuse d'année en année. Le Directeur Général identifie deux causes : la trop grande dispersion du portefeuille clients et le manque d'efficience de l'entreprise. Par ailleurs, à la suite de la crise financière de 2008, les clients sont de plus en plus attentifs à la valeur ajoutée des prestations d'ING ainsi qu'à leurs coûts. Enfin, l'entreprise est encore trop franco-française. La France ne peut plus être le centre de l'Europe, voire du monde, pour répondre aux besoins d'un certain nombre de grands comptes, très profitables, mais dont les départements R&D sont devenus globaux.

En 2009, le Directeur Général décide d'amorcer une transformation autour de cinq axes :

- Recentrer le portefeuille clients sur quelques grands comptes globaux profitables ;
- Devenir une véritable entreprise globale ;
- Passer d'un patchwork de PME « indépendantes » à un réseau intégré d'entités « autonomes » ;
- Proposer aux clients des prestations pas seulement de qualité mais aussi innovantes ;
- Passer d'un mode de fonctionnement en régie à des prestations au forfait.

Le comité de direction se réunit en séminaire pour élaborer sa vision stratégique. Il la formalise de la manière suivante : une mission (ce que l'entreprise fait, pour qui et où), une ambition (ce que l'entreprise souhaite devenir dans l'absolu), ses enjeux stratégiques à moyen terme et ses valeurs (voir la vision stratégique d'ING page suivante).

Pour mesurer le degré d'alignement stratégique d'une organisation, la notion de capacité organisationnelle, que l'on doit à Jay Galbraith (2002), est très utile. Les capacités organisationnelles sont les compétences dont l'organisation a besoin pour déployer sa vision stratégique. Elles caractérisent le « savoir-agir » de l'organisation, c'est-à-dire son aptitude à réaliser ses activités par le déploiement, la combinaison et la coordination de ses ressources à travers différents processus pour atteindre ses objectifs. Une capacité organisationnelle reflète ainsi les interactions complexes qui se tissent entre les ressources de l'organisation lors de leur mise en œuvre dans des processus formels et informels. Pour identifier les capacités organisationnelles, la question clé à se poser est : « Dans le but de mettre en œuvre sa vision stratégique, notre organisation a besoin d'être capable de… ».

Ambition :
- Devenir une entreprise d'ingénierie de classe européenne, voire mondiale, proposant des solutions technologiques innovantes

Mission :
- Fournir des prestations d'ingénierie à des clients globaux (et plus seulement nationaux et locaux)

Enjeux stratégiques à 3 ans :
- Recentrer le portefeuille clients sur des grands comptes internationaux
- Rester le fournisseur préféré en matière de services d'ingénierie
- Avoir une offre de services permettant de répondre aux besoins des grands comptes internationaux
- Multiplier le profit net par 2
- Avoir une culture d'entreprise commune
- Diminuer significativement le turn-over des ingénieurs

Valeurs :
- Sens du client, technologie, global, réseau, efficience, innovation

Figure 22 :
La vision stratégique d'ING

Le comité de direction d'ING identifie les cinq capacités organisationnelles suivantes :

- Etre capable d'élaborer et de déployer des offres de service permettant de répondre aux besoins de grands comptes globaux ;
- Etre capable de faire émerger et de diffuser une culture de la profitabilité ;
- Etre capable d'installer et de faire vivre des modes de fonctionnement transverses ;
- Etre capable de favoriser l'adoption et la capitalisation de pratiques communes ;
- Etre capable d'attirer et de fidéliser les talents.

Les capacités organisationnelles sont ensuite hiérarchisées puis pondérées au regard de leur poids dans le déploiement de la vision stratégique. Pour mesurer le degré d'alignement stratégique d'une organisation, il convient de l'évaluer sur chacune des capacités organisationnelles à partir d'une échelle à 4 positions : « Tout à fait alignée », « Plutôt alignée », « Plutôt pas alignée » et « Pas du tout alignée ».

Le travail d'évaluation réalisé par le comité de direction montre que l'organisation d'ING n'est pas suffisamment alignée à sa vision stratégique pour être en mesure de la déployer correctement. ING obtient en effet une note globale de 1,7 sur 4.

		Organisation initiale*
Etre capable d'élaborer et de déployer des offres de service permettant de répondre aux besoins de grands comptes globaux	35 %	1
Etre capable d'installer et de faire vivre des modes de fonctionnement transverses	25 %	1
Etre capable de faire émerger et de diffuser une culture de la profitabilité	20 %	3
Etre capable de favoriser l'adoption et la capitalisation de pratiques communes	15 %	2
Etre capable d'attirer et de fidéliser les talents	5 %	2
Alignement stratégique	100 %	1,7 sur 4

* : 1 = Pas du tout aligné ; 2 = Plutôt pas aligné ; 3 = Plutôt aligné ; 4 = Tout à fait aligné

Figure 23 :
Degré d'alignement stratégique de l'organisation initiale d'ING

Une première réorganisation

Compte tenu du faible degré d'alignement stratégique de son organisation, le Directeur Général décide d'initier une réorganisation. Il convoque son comité de direction à un nouveau séminaire. Après une séance de travail fructueuse, émerge la nouvelle organisation suivante :

- La direction France disparaît et est intégrée à la direction Europe du Nord ;
- En plus des directions Europe du Nord et Europe du Sud, une direction « Reste du monde » est créée ;
- Deux directions sont créées à destination des grands comptes globaux : une direction du marketing pour élaborer des offres

et une direction des projets globaux pour délivrer les prestations de service de manière transverse aux trois directions géographiques.

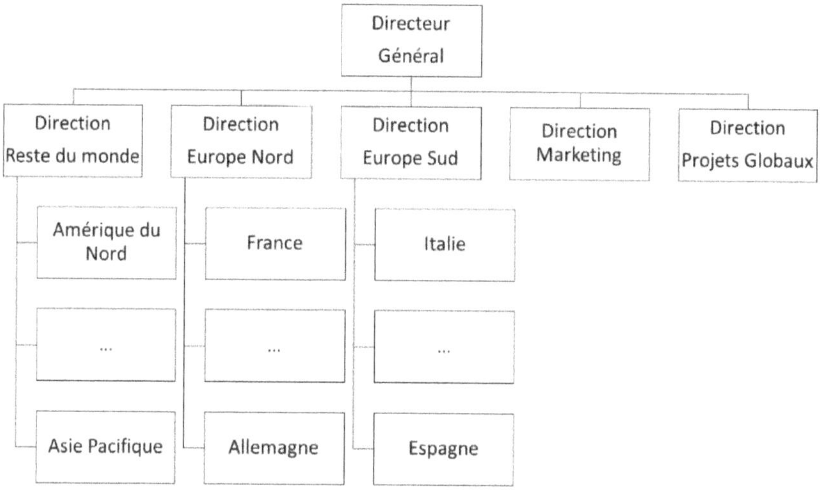

Figure 24 :
La nouvelle organisation d'ING

La stratégie d'ING est plus formalisée et davantage partagée que par le passé. Un certain nombre de décisions tactiques, prises auparavant au sein des entités géographiques, remontent au niveau du comité de direction pour impliquer les nouvelles entités de marketing et de management de projets globaux. Malgré cela, l'allocation de l'autorité demeure « Plutôt locale ».

Le mode de regroupement des activités est, lui, largement modifié par rapport à l'organisation initiale. Le mode de regroupement des deux nouvelles directions, marketing et management de projets globaux, est fonctionnel et non divisionnel. Compte tenu du mode de regroupement divisionnel des trois directions géographiques, cela rend l'organisation hybride. Le tout (l'entreprise) restant divisionnel, en matière de regroupement des activités, la nouvelle organisation est « Plutôt divisionnelle ».

Les deux nouvelles directions fonctionnelles, marketing et management de projets globaux, sont dotées d'une autorité fonctionnelle, l'autorité hiérarchique restant logée dans les directions géographiques. C'est bien un véritable fonctionnement matriciel que l'équipe de direction entend impulser. Au sein de cette nouvelle organisation, l'orientation de l'action devient « Plutôt horizontale ».

Les directions géographiques continuent d'être responsables de la satisfaction des clients et de la rentabilité des projets au sein de leur périmètre d'action. Mais, concernant les grands comptes globaux, la responsabilité de la performance est partagée entre la direction du marketing (pour tout ce qui concerne l'élaboration des offres) et la direction du management des projets globaux (pour ce qui est lié à leur réalisation) sans qu'il soit véritablement possible d'individualiser les objectifs. De « Plutôt individuelle », la responsabilité de la performance devient « Plutôt collective ».

Enfin, au-delà de la déclinaison des objectifs et de l'allocation des ressources, ING décide de profiter de cette réorganisation pour se lancer dans une démarche qualité et, ainsi, formaliser l'ensemble de ses processus métiers. Elle décide également de formaliser davantage ses rituels et ses processus de décision. Au sein de la nouvelle organisation, la régulation des comportements peut dorénavant être qualifiée de « Plutôt formelle ».

Au total, le profil organisationnel et l'alignement stratégique de cette nouvelle organisation sont les suivants :

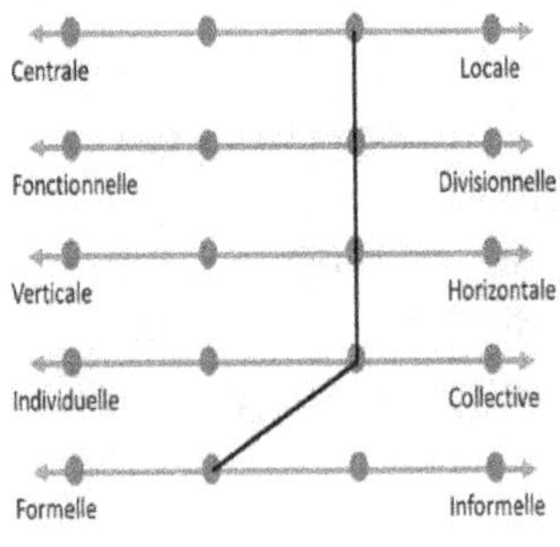

		Organisation initiale*
Etre capable d'élaborer et de déployer des offres de service permettant de répondre aux besoins de grands comptes globaux	35 %	4
Etre capable d'installer des modes de fonctionnement transverses	25 %	3
Etre capable de faire émerger et de diffuser une culture de la profitabilité	20 %	4
Etre capable de favoriser l'adoption et la capitalisation de pratiques communes	15 %	4
Etre capable d'attirer et de fidéliser les talents	5 %	3
Alignement stratégique	100 %	3,7 sur 4

* : 1 = Pas du tout aligné ; 2 = Plutôt pas aligné ; 3 = Plutôt aligné ; 4 = Tout à fait aligné

Figure 25 :
Profil et alignement stratégique de la nouvelle organisation

Compte tenu de son fort degré d'alignement stratégique (note de 3,7 sur 4 contre 1,7 sur 4 pour l'organisation initiale), le comité de direction, à l'unanimité, décide de retenir cette nouvelle organisation sans envisager d'autres alternatives.

Quand ING est rattrapée par le changement permanent

Après consultation des partenaires sociaux, la nouvelle organisation est présentée à l'ensemble de l'entreprise par le Directeur Général en personne, puis expliquée dans chacune des directions par les directeurs et aux équipes par les *business managers*. Dans l'ensemble, la nouvelle organisation est plutôt bien reçue. Le comité de direction se donne six mois pour la mettre en œuvre.

Alors que tout le monde commence juste à trouver ses marques, deux opportunités d'acquisition, absolument imprévisibles quelques mois plus tôt, se présentent : l'une au Canada, l'autre à Hong-Kong. Réaliser ces acquisitions permettrait à ING de devenir véritablement globale, sa présence en Amérique du Nord et en Asie étant très faible mais néanmoins indispensable pour être en mesure de répondre aux besoins des grands comptes globaux. Le Directeur Général n'hésite donc pas longtemps : il acquiert ces deux nouvelles sociétés dans une logique de croissance externe qui a si bien réussi à l'entreprise jusqu'à présent.

Les deux acquisitions nécessitent de revisiter la nouvelle organisation alors même qu'elle n'a pas encore été mise en œuvre. En effet, si les organigrammes ont bien été modifiés, les modes de fonctionnement et les pratiques n'ont pas réellement changé.

Avec les deux acquisitions, la direction « Reste du monde » n'a plus de sens. Lors d'un nouveau séminaire, le comité de direction imagine un premier scénario dans lequel deux nouvelles directions géographiques sont créées : une direction « Amérique du Nord » et une direction « Asie ». Le scénario finalement retenu est plus ambitieux. Puisqu'ING a dorénavant la capacité d'adresser l'ensemble de ses marchés de manière globale, plus rien ne s'oppose à une organisation par secteurs d'activité. Le comité de direction décide d'une organisation avec quatre grandes divisions sectorielles : Automobile ; Aérospatial & Défense ; Télécommunications & Médias ; Banque & Assurance. Les deux fonctions de marketing et de management de projets globaux restent importantes et pertinentes. Mais, dans ce nouveau cadre, il n'y a plus lieu d'en faire des directions à part entière. Elles sont donc intégrées dans les divisions sectorielles.

Un an après les deux acquisitions, alors que l'organisation sectorielle n'est pas encore complétement adoptée tant elle est en rupture par rapport à la précédente, un nouveau bouleversement survient. Sur un marché qui ne cesse de se concentrer, le Directeur Général fait le constat qu'ING ne pourra jamais atteindre la taille critique pour devenir véritablement globale. Un acquéreur se présente à lui avec une belle offre. Il l'accepte donc. ING est cédée à un mastodonte du secteur. Son intégration nécessite à nouveau de changer d'organisation.

L'un des salariés d'ING me disait avoir le sentiment de vivre depuis plusieurs années sans organisation. Ne comprenant pas très bien son propos, je lui demandai de le préciser : « Toutes ces réorganisations n'ont jamais existé que sur le papier. Alors oui, des organigrammes, on en a faits. Mais sur le terrain, c'était « débrouilles toi tout seul ». Aujourd'hui, plus personne ne sait où il habite. »

L'exemple d'ING montre bien que, dans un contexte de changement permanent, le raisonnement linéaire de l'alignement stratégique n'est plus pertinent. En continuant à concevoir une organisation uniquement en fonction d'une vision stratégique spécifique, on n'a pas terminé de la mettre en œuvre qu'il faut à nouveau en changer. L'organisation devient une sorte de sable mouvant qui se dérobe sous les pieds. Elle est alors plus un handicap et un frein qu'une ressource pour l'action, sa véritable finalité. Comment faire autrement ? En changeant, non pas le contenu du design organisationnel (les paramètres de conception sont, plus que jamais, des pièces maitresses qu'il est indispensable de bien savoir manipuler), mais son raisonnement. C'est l'objet de la seconde partie de cet ouvrage.

Synthèse de la première partie

L'organisation, notion transdisciplinaire, qualifie l'agencement des interrelations entre les composants d'un système qui, ainsi organisé, forme un tout doté d'attributs propres. Dans le domaine qui nous intéresse ici, celui des systèmes sociaux, on peut parler d'organisation à bon escient dès que plusieurs personnes font ensemble ce qu'aucune d'elles ne peut réaliser seule.

Toute organisation résulte de la conjonction de deux processus fondamentaux : la division du travail et la coordination des efforts. A la différence de la théorie des organisations, discipline descriptive et explicative, la visée du design organisationnel est prescriptive. Designer une organisation consiste à structurer les processus organisationnels de base et, ce faisant, l'agencement des interrelations entre les composants du système à organiser.

Les paramètres de conception sont les leviers actionnables par le designer pour façonner une organisation. Il y a cinq grands paramètres de conception interdépendants :

- L'allocation de l'autorité ;
- Le regroupement des activités ;
- L'orientation de l'action ;
- La responsabilité de la performance ;
- La régulation des comportements.

Les cinq paramètres de conception constituent des couples de forces en tension à la fois complémentaires et antagonistes : le central et le local pour l'allocation de l'autorité, le fonctionnel et le divisionnel pour le regroupement des activités, le vertical et l'horizontal pour l'orientation de l'action, l'individuel et le collectif pour la responsabilité de la performance et, enfin, le formel et l'informel pour la régulation des comportements.

Les cinq paramètres de conception permettent de reconstituer le profil organisationnel d'une entité quelle qu'elle soit : une entreprise, une des directions d'une entreprise, un des services d'une direction... En fonction de ses caractéristiques, il s'agit de positionner l'entité sur l'un des quatre états de chacun des cinq paramètres de conception. Les paramètres de conception étant interdépendants, le profil organisationnel fait système.

Le profil organisationnel permet de mesurer le degré d'alignement stratégique d'une organisation. Mais pas seulement ! C'est aussi lui qui sera le point de départ d'une approche de design organisationnel refondé permettant de faire face au changement permanent, objet de la seconde partie de cet ouvrage.

SECONDE PARTIE :

Le changement organisationnel continu

Objectifs :

- *Exposer la notion de modèle organisationnel et montrer son intérêt pour le design dans un contexte de changement permanent*
- *Décrire le profil des cinq modèles organisationnels à partir des cinq paramètres de conception*
- *Caractériser la notion de polarité et montrer en quoi elle permet de doter le design organisationnel d'une dimension dynamique*
- *Présenter les caractéristiques d'un dispositif et d'une démarche de design organisationnel refondé permettant de relever les défis du changement permanent*

La plupart des démarches de design organisationnel relèvent aujourd'hui encore de l'approche dite de l'alignement stratégique composée de cinq grandes étapes : (1) modification substantielle du contexte d'action de l'entreprise ; (2) choix d'un positionnement concurrentiel différent et formalisation d'une nouvelle vision stratégique ; (3) constat que l'organisation en place ne permet pas de déployer cette nouvelle vision ; (4) design d'une nouvelle organisation alignée à la vision ; (5) mise en œuvre de la nouvelle organisation.

L'approche de l'alignement stratégique a fait les beaux jours du design organisationnel. Mais, comme nous l'avons vu dans l'exemple d'ING, l'entreprise d'ingénierie objet du chapitre précédent, quand la périodicité des modifications d'environnement est plus courte que la durée de mise en œuvre des changements d'organisation, elle ne fonctionne plus. La vision stratégique ne peut plus être la principale porte d'entrée du design organisationnel puisqu'elle est caduque avant même d'être déployée. La question centrale n'est plus « Comment designer une organisation à partir d'une vision stratégique à déployer ? » mais « Comment favoriser la capacité de changement d'une organisation pour faire face à des évolutions d'environnement permanentes, rapides et en partie imprévisibles ? »

Dans un contexte de changement permanent, le design organisationnel doit alors être refondé autour de deux axes : (1) concevoir et diagnostiquer une organisation sans faire explicitement référence à la vision stratégique qu'elle est censée déployer ; (2) bâtir une démarche et un dispositif, non plus statiques, mais dynamiques.

La refondation du design organisationnel, indispensable pour faire face au changement permanent, nécessite de revoir plus son raisonnement que son contenu. Si les cinq paramètres de conception restent bien des pièces maitresses du design organisationnel refondé, il faut leur adjoindre des notions complémentaires, dont celles de modèle organisationnel et de polarité organisationnelle et, surtout, les inscrire dans une démarche dynamique. C'est l'objet de la seconde partie de cet ouvrage composée de cinq chapitres.

Les chapitres 8 et 9 sont consacrés à la question des modèles organisationnels. Un modèle organisationnel est un type d'organisation générique qui combine harmonieusement ses 5 paramètres de conception dans un contexte d'action particulier. Dans l'approche de design organisationnel proposée ici, la notion de modèle organisationnel est fondamentale. En effet, c'est grâce à elle que l'on pourra concevoir une organisation sans référence explicite à la vision stratégique qu'elle doit permettre de déployer.

Le chapitre 10, dédié à la gestion des polarités organisationnelles, permet de doter le design organisationnel d'une dimension dynamique. Sur ces bases, le chapitre 11 expose les principes d'un design organisationnel refondé et présente les grandes lignes d'une démarche et d'un dispositif à mettre en œuvre pour faire face au changement permanent. Le chapitre 12 détaille un exemple illustratif de la conception et du déploiement d'un tel dispositif dans une entreprise de télécommunications.

CHAPITRE 8

La notion de modèle organisationnel

Dans la première partie de cet ouvrage, je me suis penché sur les paramètres de conception, les leviers que le designer peut actionner pour façonner une organisation. A l'amorce de cette seconde partie consacrée à la refondation du design organisationnel pour relever les défis posés par le changement permanent, ce nouveau chapitre, comme le suivant, sont dédiés à la notion de modèle organisationnel.

Un modèle organisationnel est une organisation générique dont les cinq paramètres de conception sont en harmonie. Dit autrement, un modèle organisationnel constitue ce qu'Henry Mintzberg (1981) appelle une configuration : un ensemble ordonné d'éléments qui forme un tout harmonieux doté de caractéristiques propres, c'est-à-dire de propriétés et de qualités que ne possède aucune de ses parties prise isolément.

Au même titre que les paramètres de conception, les modèles sont des pièces maitresses d'un design organisationnel refondé, notamment pour réaliser le diagnostic d'une organisation sans se référer explicitement à la vision stratégique qu'elle a vocation à déployer.

La distribution de l'autorité comme critère discriminant

Le premier paramètre de conception, l'allocation de l'autorité, est le plus structurant de tous. C'est la raison pour laquelle les organisations se différencient les unes des autres d'abord par la manière dont l'autorité est distribuée en leur sein[10]. Je distingue ainsi cinq grands modèles organisationnels : l'organisation personnalisée, bureaucratique, pyramidale, duale et cellulaire.

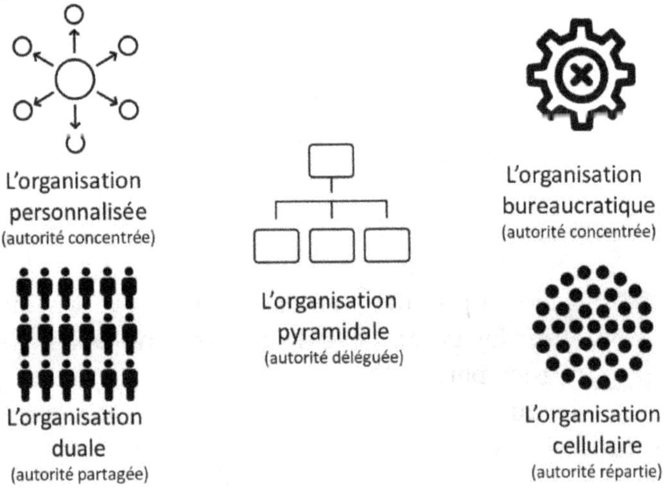

Figure N°26 :
Les 5 modèles organisationnels

Au sein d'une organisation personnalisée ou bureaucratique, le pouvoir de décision est complètement centralisé. L'autorité revient à un leader pour la première, un chef et/ou un *staff* pour la seconde. Au sein d'une organisation pyramidale, l'autorité est déléguée. Selon le principe de la parité exposé au chapitre 2, l'autorité déléguée permet de prendre les décisions associées aux responsabilités cascadées.

Au sein d'une organisation duale, l'autorité est partagée entre les entités en charge d'obtenir des résultats opérationnels et celles en responsabilité de l'optimisation des ressources financières, technologiques, matérielles et humaines. La dissociation des autorités hiérarchique et fonctionnelle est la principale traduction organisationnelle de cette dualité stratégique. Certaines entités détiennent l'autorité hiérarchique, d'autres l'autorité fonctionnelle.

Enfin, au sein du modèle cellulaire, l'autorité est répartie entre l'ensemble des entités de l'organisation qui portent collectivement la

---

[10] Ce point de vue est partagé par d'autres auteurs, Thomas Malone (2004) par exemple. Il distingue quatre types d'organisation et les positionne sur le continuum centralisée/décentralisée de la manière suivante : les hiérarchies centralisées, les hiérarchies lâches, les démocraties et les marchés.

responsabilité de la performance. On y distribue l'autorité selon le principe de la subsidiarité plutôt que celui de la délégation. Le pouvoir de décision est complètement décentralisé.

Les conditions de la performance organisationnelle

Une organisation n'est pas une fin en soi mais un moyen d'atteindre un but. La vision stratégique, formalisation du but poursuivi par l'organisation, s'est logiquement imposée comme la porte d'entrée naturelle du design organisationnel de manière générale, et du diagnostic organisationnel en particulier. Une organisation fonctionne correctement si elle permet de déployer de manière satisfaisante la vision stratégique qu'elle est censée mettre en œuvre. Dans le cas contraire, elle dysfonctionne. Diagnostiquer une organisation consiste avant toute chose à mesurer son degré d'alignement à une vision stratégique donnée. C'est la raison pour laquelle la plupart des démarches de design organisationnel relèvent du processus d'alignement stratégique dont les étapes ont été présentées à plusieurs reprises dans la première partie de cet ouvrage.

Mais, face au changement permanent, les entreprises n'ont pas terminé de déployer une vision stratégique qu'elles doivent déjà élaborer la suivante. Dit autrement, elles n'ont pas terminé de mettre en œuvre une nouvelle organisation pour déployer une vision stratégique donnée qu'elles doivent déjà commencer à imaginer la suivante. Par conséquent, dans un tel contexte, la vision stratégique ne peut plus être la principale porte d'entrée ni du design ni du diagnostic organisationnel.

La notion de modèle organisationnel rend possible une autre approche. Elle permet de caractériser les deux conditions à remplir pour qu'une organisation fonctionne correctement.

D'une part, il doit y avoir une adéquation entre les facteurs de contingence et les paramètres de conception. Cette adéquation permet à la tension entre les deux forces de chacun des cinq couples de rester latente. Quand cela n'est plus le cas, c'est-à-dire quand la tension n'est plus latente et devient manifeste, elle se traduit par un dysfonctionnement organisationnel qui entrave la circulation de l'énergie au sein de l'organisation.

D'autre part, il doit y avoir une cohérence entre les cinq paramètres de conception. Ensemble, ils doivent former une combinaison harmonieuse qui se rapproche de celle de l'un des cinq modèles organisationnels de base (personnalisé, bureaucratique, pyramidal, dual ou cellulaire) en fonction des caractéristiques du contexte d'action de l'organisation.

Comment réaliser le diagnostic d'une organisation quand on n'est plus en capacité de mesurer son degré d'alignement stratégique ? Il convient de procéder en trois temps : (1) reconstituer le profil de l'organisation à partir de son positionnement sur chacun des cinq paramètres de conception ; (2) rapprocher son profil de celui de son modèle de référence compte tenu des caractéristiques de son contexte d'action appréhendées à partir des facteurs de contingence ; (3) identifier les paramètres de conception convergents (points forts de l'organisation) et divergents (axes de progrès de l'organisation).

Premier facteur de contingence : le degré de complexité du système à organiser

Le principe de la contingence, exposé au premier chapitre de cet ouvrage, nous invite à considérer qu'il n'y a pas de bonne ou de mauvaise organisation dans l'absolu. Chaque modèle organisationnel est plus ou moins adapté à un contexte d'action particulier. Ce dernier est appréhendé à partir de facteurs dits de contingence. Henry Mintzberg (1981) identifie quatre groupes de facteurs de contingence :

- L'âge et la taille de l'entreprise ;
- Le système technique qu'elle utilise pour exercer son métier ;
- Les principales caractéristiques de son environnement comme sa stabilité, sa complexité, sa diversité ou encore son hostilité ;
- Et, enfin, les relations de pouvoir.

Mon approche est plus globale et, en même temps, plus organisationnelle et systémique. De mon point de vue, deux facteurs de contingence suffisent à caractériser le contexte d'action d'une organisation : le degré de complexité du système à organiser d'une part, la culture de l'autorité dans l'entreprise de l'autre.

En m'appuyant sur les travaux d'Edgar Morin (1980), j'ai défini, dans le premier chapitre, une organisation comme l'agencement des interrelations entre les composants d'un système. Il découle de cette définition que le degré de complexité du système à organiser est le premier des deux facteurs de contingence. Pour une entreprise, une division, une direction, un service…, il s'évalue à partir de six critères :

- Le nombre d'entités qui composent le système, c'est-à-dire le nombre de parties (les entités) du tout (le système) ;
- Le degré de différenciation des entités ;
- Le nombre et la fréquence des interactions entre les entités ;
- Le nombre de combinaisons possibles entre les entités et leur fréquence de changement ;
- Le degré de prévisibilité des interactions et des changements de combinaisons entre les entités ;
- Et, enfin, le type d'interdépendance entre les entités.

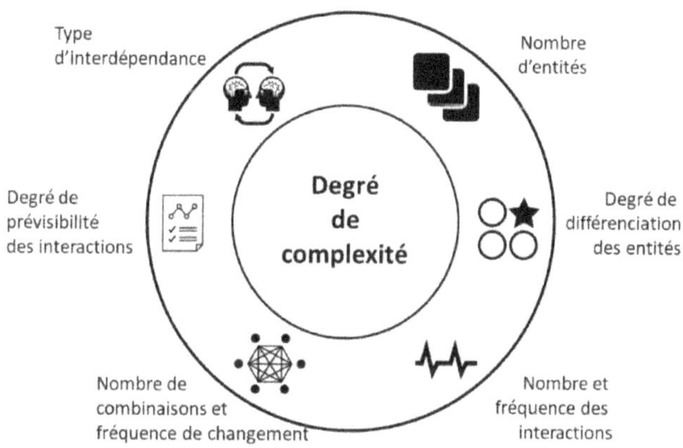

Figure N°27 :
Les critères d'évaluation du degré de complexité d'un système

Plus le nombre de composants d'un système est important, plus il est complexe. Un système composé de 10 entités est, toute chose égale par ailleurs, plus complexe qu'un autre qui n'en compte que 5. Prise au pied de la lettre, la règle dite du « 7 par 7 », évoquée au chapitre 4, est stupide dans la mesure où elle contrevient au principe de la contingence. En revanche, on peut l'utiliser comme point de repère et considérer le chiffre 7 comme le nombre d'entités correspondant à un degré de complexité moyen.

La différenciation organisationnelle, deuxième critère permettant d'évaluer le degré de complexité d'un système, est une notion plus large que celle de division du travail. Elle exprime les différences d'attitude et de comportement entre les entités d'un même système. Pour Paul Lawrence et Jay Lorsch (1967), le degré de différenciation dépend lui-même de quatre facteurs : (1) la nature des objectifs poursuivis par les entités ; (2) l'horizon temporel dans lequel s'inscrit leur action ; (3) le type de relations interpersonnelles en leur sein ; (4) et le degré de formalisation de leur structure. La différenciation organisationnelle peut aussi s'appréhender à partir des cinq paramètres de conception en reconstituant et en comparant le profil organisationnel de chacune des entités. Plus le degré de différenciation des entités d'un système est important, plus il est complexe.

Le terme complexité vient du latin *complexus* qui signifie « ce qui est tissé ensemble ». La complexité, propose Edgar Morin (1980), s'appréhende davantage par l'intermédiaire des relations entre les composants d'un système qu'à partir des caractéristiques de chacun d'eux pris isolément. On comprend bien alors que plus le nombre d'interactions effectives entre les entités est important et plus elles sont fréquentes, plus les relations entre elles sont nombreuses, et plus le système est complexe.

Il en va de même des combinaisons effectives entre les entités, c'est-à-dire des manières dont ces dernières doivent potentiellement pouvoir s'agencer pour faire face à des problématiques particulières. Plus les combinaisons sont nombreuses et plus leur taux de changement est élevé, plus le système est complexe. Un système dont les entités interagissent toujours de la même manière, quel que soit le problème à résoudre et quelles que soient les circonstances, est moins complexe qu'un système dont les entités doivent se recombiner en fonction des moments et des objectifs à atteindre. Edgar Morin (1980) parle de reliance, terme qu'il définit comme la capacité à relier ce qui est en général séparé et isolé. Les organisations confrontées à un fort niveau de complexité doivent développer significativement leur reliance, c'est-à-dire optimiser leur potentiel combinatoire pour être en mesure d'agencer et de réagencer leurs entités en fonction des circonstances et des exigences (Delavallée, 2016).

L'incertitude est l'une des principales dimensions de la complexité. Moins les interactions entre les entités d'un système sont prévisibles, plus il est complexe. De même avec les changements de combinaison entre les entités du système : moins ils sont prévisibles, plus le système est complexe.

Le dernier critère permettant d'évaluer la complexité d'un système s'appréhende moins immédiatement que les cinq premiers. Le type d'interdépendance entre les entités mérite un développement particulier. James Thompson (1967) propose de distinguer deux types d'interdépendance. L'interdépendance de ressources, d'abord : deux entités dépendent l'une de l'autre parce qu'elles consomment les mêmes ressources (matérielles, technologiques, humaines ou financières). C'est le cas, par exemple, des divisions « Fret » et « Voyageurs » d'une compagnie de chemins de fer qui partagent le même réseau ferré. Ou celui des services du département « Contrôle qualité » d'un laboratoire pharmaceutique dont les analystes partagent les mêmes équipements (balances, hottes, ordinateurs...). Ou encore celui des chefs de produit de la division « Grand public » d'une entreprise de cosmétiques qui partagent les mêmes budgets de promotion.

Au-delà des ressources qu'elles consomment, pour fonctionner, les entités d'un système peuvent dépendre les unes des autres dans l'exercice même de leur activité. On parle alors d'interdépendance d'activité qui se subdivise elle-même en deux catégories : interdépendance d'activité séquentielle ou réciproque.

Une entreprise de meubles compte quatre ateliers, chacun centré sur une opération technique différente : débit, usinage, montage et finition. Les ateliers dépendent les uns des autres dans leur activité. La finition dépend du montage, qui dépend de l'usinage, lui-même dépendant du débit. Les *outputs* d'un atelier sont les *inputs* d'un autre. L'interdépendance est séquentielle dans la mesure où le flux est unidirectionnel.

En revanche, au sein de la rédaction d'un journal, entre le rédacteur, le maquettiste et le secrétaire de rédaction, comme le montre le schéma de la page suivante, l'interdépendance d'activité est réciproque. Le flux est multidirectionnel.

La complexité résultant de l'interdépendance d'activité est plus importante que celle liée à l'interdépendance de ressources. Au sein de l'interdépendance d'activité, la complexité issue de l'interdépendance réciproque est plus importante que celle produite par l'interdépendance séquentielle.

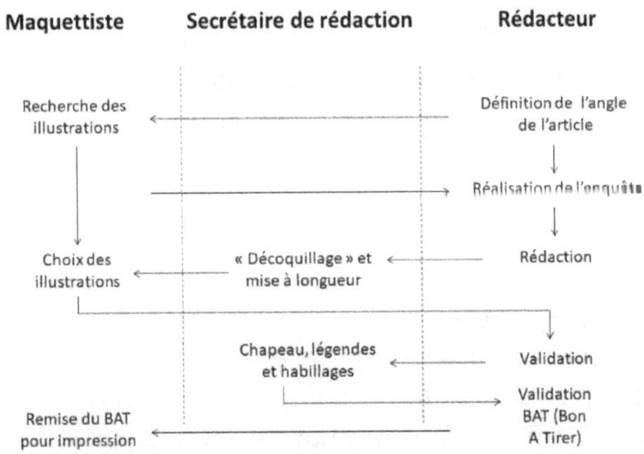

Figure N°28 :
L'interdépendance d'activité réciproque au sein d'une rédaction

Les deux premiers modèles, personnalisé et bureaucratique, permettent d'organiser des systèmes d'un niveau de complexité seulement faible. Pour le premier, les entités qui composent le système à organiser ne peuvent pas être trop nombreuses, pas trop différenciées et les interactions entre elles sont rares voire inexistantes. Le second est adapté à des environnements stables ou peu évolutifs ce qui permet aux entités du système d'interagir toujours selon le même agencement avec des interactions parfaitement prévisibles et reproductibles à l'identique.

Le modèle pyramidal permet, lui, de répondre à un degré de complexité un peu plus important que l'on peut qualifier de moyen. Le nombre d'entités différenciées qui composent le système peut être conséquent. Leurs interactions sont plus nombreuses, plus fréquentes et moins prévisibles. Néanmoins, les combinaisons effectives entre les entités restent limitées, relativement stables et assez faciles à anticiper.

Les systèmes complexes, voire très complexes, nécessitent une organisation duale et, même, cellulaire. Leurs entités sont très différenciées. Elles interagissent très fréquemment et, surtout, de manière peu prévisible. Elles doivent pouvoir se combiner de multiples façons et ont besoin d'être réagencées fréquemment au gré des circonstances.

Second facteur de contingence : la culture de l'autorité dans l'entreprise

« La culture mange la stratégie à son petit-déjeuner » disait Peter Drucker (1994). En le paraphrasant, on pourrait en dire autant de l'organisation : « La culture mange l'organisation à son petit-déjeuner. » Nous l'avons vu, les différents modèles se différencient au premier chef par la manière dont l'autorité est distribuée au sein de l'organisation. En deçà du degré de complexité du système, la culture de l'autorité dans l'entreprise constitue un terreau plus ou moins fertile pour les différents modèles organisationnels. C'est, de mon point de vue, le second facteur de contingence organisationnelle.

Le modèle personnalisé est adapté à des entreprises dont la culture s'apparente à celle du « grand Homme », là où l'on pense qu'une seule et unique personne peut, par sa vision et son charisme, « sauver le monde » : Nelson Mandela, Charles de Gaule, Steve Jobs... Une personne admirée, bonne et juste, entre les mains de laquelle on remet sans crainte son destin.

Le modèle bureaucratique trouve, lui, un terrain favorable quand il existe une certaine forme de soumission à l'autorité. Les fameuses expériences de Stanley Milgram (1974) ont bien montré que, dans certaines institutions, nous pouvions aller jusqu'à mettre la vie d'autrui en péril en nous soumettant à l'autorité.

Pour fonctionner correctement, les organisations issues du modèle pyramidal ont, elles, besoin d'une culture de la loyauté. C'est l'autorité qui est déléguée, pas la responsabilité. Cette délégation nécessite que le délégant fasse confiance au délégataire et que, dans le même temps, le second se soumette au contrôle du premier en acceptant ses exigences de *reporting*. « La confiance n'exclut pas le contrôle » illustre bien les cultures favorables au modèle pyramidal.

Dans le modèle dual, l'autorité est partagée entre ceux qui produisent les résultats opérationnels (efficacité) et ceux qui contrôlent l'utilisation des ressources (efficience). Les objectifs des premiers et des seconds sont à la fois complémentaires (aucun d'eux ne peut, à lui seul, être performant) et, en même temps, antagonistes. Ils sont donc en tension. Une culture de la confrontation et de la négociation facilite le fonctionnement du modèle dual. Le conflit y est appréhendé comme « normal » -en tout cas comme non pathologique, voire comme potentiellement productif- au regard de la divergence des objectifs.

« Ni Dieu ni maître ! » Voilà le véritable credo des cultures favorables au modèle cellulaire. Mais, contrairement à ce que laisse penser le sens commun, l'anarchie ne revendique pas la suppression de toute forme d'autorité. L'autorité n'est seulement plus confisquée par quelques-uns. Elle est un « bien commun » répartie entre l'ensemble des membres du groupe. L'organisation cellulaire n'est pas issue du modèle du père, comme l'organisation personnalisée, mais de celui des pairs. Par ailleurs, le modèle cellulaire, pour tourner à plein régime, nécessite de baigner dans une culture qui reconnait des vertus au désordre. Indispensable à l'innovation et à la créativité, le désordre peut, au même titre que l'ordre, produire de l'organisation.

Modèles organisationnels	Personnalisé	Bureaucratique	Pyramidal	Dual	Cellulaire
Degré de complexité	Faible	Faible	Moyen	Fort	Très fort
Culture de l'autorité	Grand Homme	Soumission	Loyauté	Confrontation	Anarchie

Tableau N°2 :
Modèles organisationnels et facteurs de contingence

Les deux facteurs de contingence n'ont pas le même statut. Le premier permet de mesurer le niveau de complexité du système à organiser. Les cinq modèles organisationnels correspondent à des niveaux de complexité variables. Le second, la culture de l'autorité dans l'entreprise, constitue un terreau plus ou moins favorable au déploiement de l'un ou l'autre des cinq modèles organisationnels. Dans certains cas, on peut faire le pari que l'adoption d'un modèle organisationnel donné, en décalage voire en rupture avec la culture existante, est un moyen de faire évoluer cette dernière.

L'organisation des entreprises est rarement uniforme

L'organisation d'une entreprise peut être uniforme, c'est-à-dire relever d'un seul et même modèle organisationnel. C'est le cas, par exemple, de la plupart des PME dont l'organisation est uniquement personnalisée. Mais, le plus souvent, une entreprise résulte d'une combinaison ou d'une mosaïque d'organisations de nature différente.

Erhard Friedberg (1993) explique à juste titre que la réalité organisationnelle est bien plus locale que globale. L'organisation est une réponse à un problème d'action collective finalisée. Au-delà d'une certaine taille et d'un certain niveau de complexité, au sein d'une entreprise, il n'y a pas un mais des problèmes d'action collective qui n'ont aucune raison d'être tous identiques et, donc, de relever d'un modèle organisationnel identique. Les problèmes d'action collective en R&D, en production ou dans le secteur commercial ne sont a priori pas de même nature. Idem pour les problèmes à résoudre au sommet de l'entreprise ou à sa base.

Dans une grande entreprise concurrentielle, par exemple, le niveau global fonctionne souvent sur un modèle dual. Le Directeur Général, garant de la performance globale de l'entreprise, délègue une partie de son autorité à ses n-1 : certains sont dotés d'une autorité hiérarchique, d'autre d'une autorité fonctionnelle. Au niveau de la ligne opérationnelle, l'organisation relève en général du modèle pyramidal alors que celle des fonctions support s'inspire, elle, plutôt du modèle bureaucratique et parfois personnalisé. Et, compte tenu des exigences d'adaptabilité et de réactivité, on trouve des traces de plus en plus nombreuses du modèle cellulaire au niveau des équipes opérationnelles de base : les groupes produits en R&D ; les équipes dites « agiles » au sein du département informatique ; les groupes semi-autonomes en production ; etc.

Comme déjà précisé au chapitre 1, il est plus exact de parler des organisations d'une entreprise que seulement de son organisation. En la matière, le pluriel est préférable au singulier. A cet égard, une erreur courante du design organisationnel consiste à vouloir répliquer le même modèle à chaque niveau d'agrégation organisationnelle. On considère trop souvent qu'une grande entreprise concurrentielle relève uniquement du modèle pyramidal et que, ce faisant, les managers de proximité sont des Directeurs Généraux en modèle réduit. Quiconque a exercé cette fonction, même pendant une courte durée, sait très bien qu'un manager de proximité ne jouit pas de la même autorité que le Directeur Général au sommet de l'entreprise. Ce biais permet d'ailleurs de comprendre les difficultés rencontrées par les managers de proximité dans l'exercice de leur fonction au quotidien. Il explique aussi qu'on leur propose en formation des outils et des méthodes pas toujours adaptés à leur situation managériale.

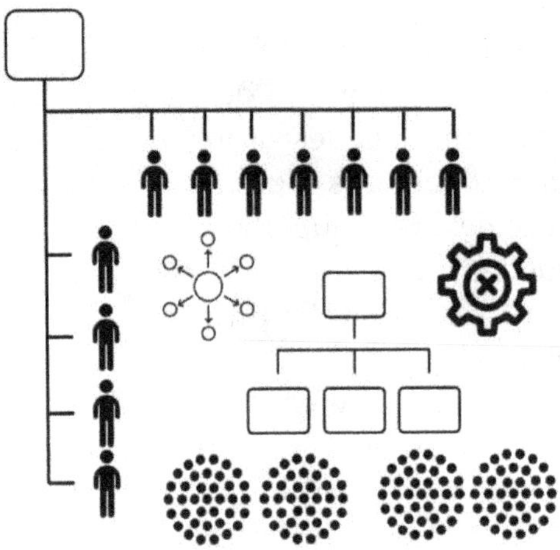

Figure N°29 :
Le cas d'une grande entreprise concurrentielle

Récemment, la même erreur est commise par les évangélistes de l'entreprise dite libérée (Getz et Carney, 2013). Ils proposent d'éradiquer toute forme de contrôle au sein de l'entreprise et d'instituer la confiance comme base de fonctionnement. Ils cherchent ainsi à appliquer le modèle cellulaire à l'ensemble des niveaux organisationnels, y compris au niveau global. En même temps, précisent-ils à juste titre, une condition de succès de la libération d'une entreprise réside dans l'existence d'un « leader libérateur » qui évoque davantage le modèle personnalisé que le modèle cellulaire. En fait, l'organisation d'une entreprise libérée est la combinaison d'au moins deux modèles : le modèle cellulaire aux niveaux opérationnels et le modèle personnalisé au niveau stratégique. Contrairement à ce que l'on nous vante, c'est donc un type d'entreprise très décentralisé opérationnellement (modèle cellulaire) et, en même temps, très centralisé stratégiquement (modèle personnalisé).

Il en va de même des fameuses GAFA. Attardons-nous un court instant sur les propos particulièrement instructifs de Gilles Babinet (2016), l'un des spécialistes reconnus de l'entreprise digitale : « Amazon, Google, Apple ou Facebook ne sont certainement pas des holacraties. Toutes sont connues pour avoir à leur tête un leader charismatique, si ce n'est messianique, dont le comportement, pour certains, frise le mode dictatorial. »[11] Et plus loin : « Au risque de brusquer ceux qui croient profondément dans le modèle sans hiérarchie, il semble nécessaire de réaffirmer l'importance de l'impulsion managériale pour réussir la transformation digitale. La capacité du management à assumer des choix difficiles sera consubstantielle au succès ou à l'échec de cette transformation. »[12]

L'approche du micro-design, modélisée par Phanish Puranam (2018), permet d'éviter de penser l'organisation d'une entreprise comme un tout monolithique et de ne pas répliquer uniformément le même modèle organisationnel en son sein. Il s'agit d'appréhender une entreprise comme l'agrégation de multiples micro-organisations chacune confrontée à des problématiques analogues. En matière d'organisation, les questions sont universelles. Ce sont les solutions qui sont contingentes à un contexte particulier. Dit autrement, chaque micro-organisation doit gérer les mêmes polarités, les cinq mêmes couples de forces en tension. Ce sont les modalités de cette gestion qui varient d'une organisation à l'autre en fonction des caractéristiques de leur contexte d'action appréhendées à partir des deux facteurs de contingence, le degré de complexité du système à organiser d'une part, la culture de l'autorité dans l'entreprise d'autre part.

Compte tenu de leur richesse, je mobiliserai les principes du micro-design pour structurer la démarche de design refondé exposée au chapitre 11.

---

[11] Babinet (2016, p.80)

[12] Op.cit. p.121

CHAPITRE 9

Les 5 modèles organisationnels

Les cinq modèles organisationnels sont ici décrits à partir des cinq paramètres de conception. Cela permet de caractériser leur profil organisationnel.

La comparaison du profil d'une organisation à celui de son modèle de référence, identifié grâce aux deux facteurs de contingence, permet de réaliser un diagnostic organisationnel sans se référer à une quelconque vision stratégique. C'est en cela que la notion de modèle organisationnel est une pièce maîtresse du design organisationnel refondé dans un contexte de changement permanent.

L'organisation personnalisée

L'organisation de nombre de PME relève du modèle personnalisé. Et dans les grandes entreprises, c'est souvent l'organisation des fonctions dites « support » (direction Administrative et Financière, direction des Ressources Humaines…) qui s'en inspire, sous une forme différente mais selon une logique similaire.

A première vue, le modèle personnalisé peut sembler dépassé. Mais, comme je l'ai évoqué au chapitre précédent, il est adopté par la quasi-totalité des entreprises digitales, et notamment par l'ensemble des fameuses GAFA (Google, Apple, Facebook et Amazon), au niveau global d'intégration pour chapeauter l'ensemble des activités opérationnelles qui relèvent, elles, du modèle cellulaire.

Dans ces entreprises, le *CEO* (*Chief Executive Officer*) est fortement engagé dans le processus d'innovation. A ce titre, il entretient une relation étroite avec les départements opérationnels en charge de la conception des nouveaux produits, quitte à court-circuiter des pans entiers de la ligne managériale. Les modèles d'innovation diffèrent (la culture du design et de l'expérience client chez Apple, la connaissance scientifique et le poids du test chez Google…) mais, dans ces entreprises, nombreux sont les jeunes embauchés qui se retrouvent dans le bureau du *CEO* pour défendre une idée qu'ils n'auraient même pas imaginé pouvoir évoquer dans un autre modèle organisationnel, par exemple dans l'organisation pyramidale. Leur point de vue y aurait été exposé par leur manager voire par le manager de leur manager.

L'organisation personnalisée se décline de deux façons. Le profil organisationnel de la première variante est le suivant : « Centrale », « Fonctionnelle », « Verticale », « Individuelle » et « Informelle ». Celui de la seconde est identique à l'exception de la logique de regroupement des activités qui est seulement « Plutôt fonctionnelle » quand, comme dans beaucoup de PME, les parties (les entités) relèvent d'un mode de regroupement fonctionnel mais le tout (l'entreprise) s'inscrit, lui, dans un mode de regroupement divisionnel.

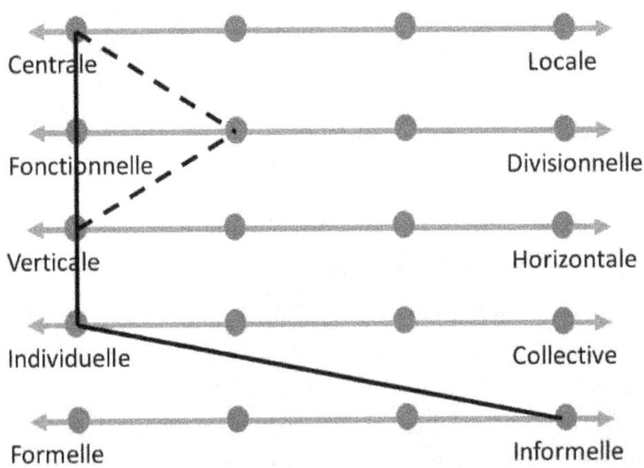

Figure N°30 :
Les deux profils organisationnels du modèle personnalisé

Détaillons le profil de l'organisation personnalisée à partir de l'examen des cinq paramètres de conception.

Au sein de l'organisation personnalisée, l'autorité est concentrée dans les mains d'une seule et même personne : le leader. Ce dernier se place au centre de l'organisation. Tous les autres membres lui rapportent directement sans que de véritables interactions s'établissent entre eux. Ils exécutent mais ne participent pas à la décision. Le pouvoir de décision est complètement centralisé et la structure de l'organisation est dite en « soleil », en « étoile » ou plus péjorativement en « roue de vélo ». Par sa vision, sa personnalité et/ou son expertise, le leader incarne une autorité qui lui est reconnue par ceux sur lesquels il l'exerce. Il construit une organisation à son image sans aucun contrepouvoir.

Au sein d'une organisation personnalisée, le travail est spécialisé voir morcelé. Chacun effectue une tâche qui, prise isolément, n'a aucun sens. Ce sont les pièces d'un puzzle que seul le leader est en mesure d'assembler. Personne, sauf lui, n'a de vue d'ensemble. Le morcellement du travail renforce la situation de dépendance dans laquelle se trouvent les collaborateurs vis-à-vis de leur leader. Les activités y sont regroupées selon un mode fonctionnel. Chaque membre de l'organisation tient une fonction différente qui constitue une partie d'une fonction ou d'un processus plus global. Le tout peut, lui, relever d'un mode de regroupement soit fonctionnel soit divisionnel.

Le leader porte la responsabilité de la performance de l'organisation dans son ensemble. Il est le seul à être dans une logique de résultats et, ce faisant, est l'unique responsable de la performance à qui on demande des comptes. Si les résultats ne sont pas au rendez-vous, c'est lui qui « saute ». Le leader de l'organisation personnalisée ne se défausse pas et ne cherche pas de bouc-émissaire. Il assume ses responsabilités et, souvent d'ailleurs, le revendique haut et fort. Pour les autres membres de l'organisation, qui sont eux dans une logique de moyens, cet environnement de travail peut être confortable. Mais il est également déresponsabilisant - et même infantilisant dans certains cas - puisque, au même titre que l'autorité, les responsabilités sont concentrées dans les seules mains du leader. En situation de dépendance, les autres membres de l'organisation n'accèdent jamais à une véritable autonomie.

Loin de former une équipe, les membres de l'organisation personnalisée constituent une collection d'individus centrés chacun sur une tâche spécifique et indépendante de celle des autres. Il n'y a pas ou quasiment pas de relations de coopération entre eux. Ils jouent leur propre partition sans jamais former de véritable orchestre. La métaphore du chef d'orchestre, souvent utilisée pour illustrer le rôle des managers, n'est pas pertinente pour qualifier celui du leader de l'organisation personnalisée. Il serait plutôt un homme-orchestre jouant de tous les instruments en même temps. En général d'ailleurs, il possède la majeure partie des compétences de ses collaborateurs.

L'organisation personnalisée est largement informelle. La stratégie, qui sort du cerveau mais aussi des tripes du leader, est partagée lors d'échanges « entre deux portes ». Elle n'est pas déclinée en objectifs. Indicateurs et tableaux de bords sont étrangers à l'organisation personnalisée. Le pilotage est sommaire, souvent peu formalisé et intuitif. Plus qu'un pilotage d'ailleurs, il s'agit plutôt d'un suivi qui s'effectue a posteriori et rarement de manière prévisionnelle. Le leader constate d'éventuels écarts qu'il rectifie le cas échéant, mais ne les anticipe pas vraiment. On dit parfois qu'il gère en « regardant dans un rétroviseur ».

Les valeurs de l'organisation se confondent avec celles du leader. Même implicites, elles lui servent de base pour évaluer ses collaborateurs. Il n'y a pas ou peu de standards prédéfinis et l'évaluation est réalisée a posteriori : « Tu as vraiment bien travaillé cette année, je te félicite ; on peut vraiment compter sur toi, tu réponds toujours présent ; j'ai vraiment apprécié ton engagement et les efforts que tu as fournis cette année ; etc. »

L'organisation bureaucratique

Le modèle bureaucratique est issu des travaux des précurseurs des organisations dites modernes du début du XXème siècle, Frederick Taylor (1911), Henri Fayol (1916) et Max Weber (1922). Aussi surprenant que cela puisse paraître au premier abord, organisations bureaucratique et personnalisée présentent beaucoup de similitudes. Le mode de régulation des comportements est le seul paramètre de conception sur lequel les deux modèles se distinguent. L'organisation personnalisée est informelle là où l'organisation bureaucratique est on ne peut plus formalisée.

Le profil de l'organisation bureaucratique est le suivant : « Centrale », « Fonctionnelle », « Verticale », « Individuelle » et « Formelle ».

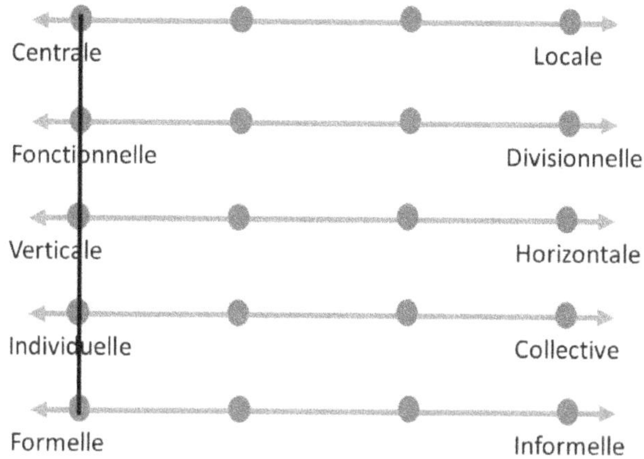

Figure N°31 :
Le profil organisationnel du modèle bureaucratique

Détaillons le profil de l'organisation bureaucratique à partir de l'examen des cinq paramètres de conception.

Comme l'organisation personnalisée, l'organisation bureaucratique est centralisée. L'autorité y est concentrée dans les mains d'une seule personne ou d'un petit nombre de personnes positionnées au sommet. On ne parle plus de leader doté d'une autorité personnelle, comme dans le cas du modèle personnalisé, mais d'un chef ou d'un *staff* doté d'une autorité statutaire.

Peuplée de spécialistes, aussi bien au niveau du tout que de chacune des parties, l'organisation bureaucratique est l'archétype d'une organisation fonctionnelle. Le travail est spécialisé et chaque membre de l'organisation est affecté à une tâche spécifique. Les tâches sont regroupées en activités, regroupées elles-mêmes en fonctions sans que personne ne soit jamais redevable d'un véritable résultat.

Le tout est égal à la somme des parties. Si chacun fait bien son travail dans son coin alors la performance collective sera au rendez-vous. Les problèmes de coordination sont résolus par les nombreuses règles et procédures qui permettent aux membres de l'organisation de faire l'économie d'une quelconque coopération. Si chacun se conforme aux règles, on ne doit même pas avoir besoin de se réunir pour s'ajuster. Les réunions sont vécues comme les symptômes de dysfonctionnements organisationnels.

Dans l'organisation bureaucratique, les contributions individuelles sont formalisées dans des postes aux contours précis. Ils sont décrits en détail de manière à éradiquer toute ambigüité en matière de division du travail. Les compétences requises constituent un des volets des descriptions de poste. Cela permet de chercher les personnes qui possèdent les bonnes compétences et de mettre *the right man at the right place*, comme le proposait déjà Frederick Taylor (1911) en son temps.

L'organisation bureaucratique est pensée comme une machine dont les rouages sont parfaitement huilés : rien n'est laissé au hasard, tout est sous contrôle.

L'organisation pyramidale

Quand on pense organisation, le modèle pyramidal vient spontanément à l'esprit. Souvent, les méthodes et les outils présentés dans les manuels d'organisation et de management sont issus du modèle pyramidal sans que ce dernier ne soit explicitement nommé ; comme si cela relevait de l'évidence et comme s'il n'y avait qu'un seul modèle organisationnel.

Dans la « vraie vie », qui peut fortement différée du contenu des ouvrages, l'organisation pyramidale se trouve mise en œuvre aux niveaux intermédiaires des activités opérationnelles des grandes entreprises. On les nomme souvent *line*, par opposition aux fonctions supports qualifiées, elles, de *staff*. L'organisation d'un *Business Group*, d'une *Business Unit*, d'une *Business Line*... relève du modèle pyramidal.

Il y a trois variantes de l'organisation pyramidale. Le profil le plus courant est le suivant : « Plutôt centrale », « Divisionnelle », « Verticale », « Plutôt individuelle » et « Plutôt formelle ». Le profil de la deuxième, que l'on trouve par exemple dans certaines PME aux patrons délégateurs, varie sur deux paramètres de conception : le mode de regroupement des activités (« Plutôt fonctionnelle ») et l'orientation de l'action (« Plutôt verticale »). Le profil de la troisième, que l'on trouve dans certaines organisations hybrides, est le suivant : « Plutôt centrale », « Plutôt divisionnelle », « Plutôt verticale », « Plutôt individuelle » et « Plutôt formelle ».

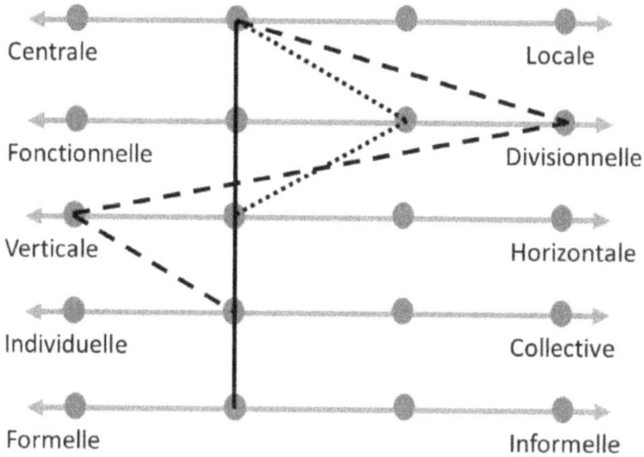

Figure N°32 :
Les trois profils de l'organisation pyramidale

Détaillons le profil de l'organisation pyramidale à partir de l'examen des cinq paramètres de conception.

Dans ce modèle organisationnel, l'autorité est déléguée à un manager en responsabilité de la performance collective. Selon le principe de la parité présenté au chapitre 2, cette autorité le dote d'une capacité de décision lui permettant d'assumer les responsabilités qui lui ont été confiées. Le délégataire délègue à son tour une partie de son autorité à certaines des entités de rang inférieur pour les doter d'autonomie, c'est-à-dire d'une capacité d'initiative contrôlée. La structure en « râteau » qui en découle s'apparente à une cascade de responsabilités.

L'organisation pyramidale peut être centrée sur une catégorie de produits, un segment de clients ou une zone géographique, mais relève d'une logique divisionnelle, c'est-à-dire que les activités y sont regroupées autour d'un résultat et non à partir d'une fonction. En revanche, au niveau des entités qui la composent (ses parties), plusieurs variantes existent : elles relèvent d'un mode de regroupement divisionnel et/ou fonctionnel. Ces différentes options expliquent que l'organisation pyramidale soit le modèle organisationnel qui compte le plus grand nombre de variantes.

Contrairement aux organisations personnalisée et bureaucratique où chacun travaille dans son coin, dans une organisation pyramidale, les parties ont besoin de s'échanger des informations et de coopérer sur certains sujets transverses. Le manager met alors en place des réunions périodiques. Quand les activités/entités ne relèvent plus exclusivement d'un mode de regroupement divisionnel, leur besoin de coordination augmente. Pour le satisfaire, le manager affecte à l'un ou à plusieurs de ses collaborateurs un rôle d'animation transverse doté d'une autorité de compétence. C'est ce qui explique que, quand le mode de regroupement est « Plutôt fonctionnel » ou « Plutôt divi sionnel », l'orientation de l'action devient « Plutôt verticale » alors qu'elle peut rester complètement « Verticale » quand le mode de regroupement des activités est « Divisionnel ».

Comme son positionnement au sommet de la pyramide l'indique, le manager représente le tout et, à ce titre, est le principal responsable de la performance collective. Mais, tout en restant *accountable* comme disent les Anglo-Saxons, c'est-à-dire celui qui au final rend des comptes, il cascade une partie de ses responsabilités sur les entités de rang inférieur qui lui rapportent. Ainsi, contrairement aux modèles personnalisé et bureaucratique où seul le leader dans un cas et le chef dans l'autre est dans une logique de résultats, leurs collaborateurs étant eux dans une logique de moyens, dans l'organisation pyramidale, tout le monde (le manager et ses collaborateurs) se trouve dans une logique de résultats. C'est dans ce modèle organisationnel que la métaphore du chef d'orchestre, souvent utilisée pour caractériser le rôle des managers, est la plus judicieuse. Chacune des parties joue d'un instrument différent et est redevable d'une performance propre. Le manager, lui, coordonne le tout au regard d'une partition dont il est le dépositaire. C'est lui qui est redevable de la performance d'ensemble.

Les objectifs, les processus et les fonctions sont formalisés mais de manière générique. Cela laisse une marge d'adaptation locale aux parties de l'organisation pyramidale. Par exemple, les définitions de fonction sont sommaires. On ne trouve pas de descriptions de poste précises et détaillées comme dans l'organisation bureaucratique. Les fonctions sont décrites seulement en termes de finalité, missions et responsabilités. Si les activités et les tâches ne sont pas précisées, c'est pour laisser de l'autonomie aux parties qui doivent pouvoir trouver par elles-mêmes, en situation, les solutions aux problèmes rencontrés. Leur autonomie est consubstantielle à l'organisation pyramidale : c'est ce qui la différencie au premier chef de l'organisation personnalisée.

L'organisation duale

Le premier homme a été envoyé dans l'espace grâce à une organisation duale. Il fallait aux Américains être à la fois irréprochables d'un point de vue technique pour garantir une fiabilité totale du lanceur Appolo et, en même temps, les plus rapides pour continuer à devancer les Soviétiques.

On trouve des traces de l'organisation duale à chaque fois qu'une entreprise cherche à atteindre deux objectifs de nature différente sans pouvoir subordonner l'un à l'autre : des produits développés au niveau global pour amortir les coûts de R&D et, en même temps, qui répondent aux besoins locaux des clients ; des responsables Ressources Humaines qui apportent des réponses spécifiques à des opérationnels aux attentes différentes compte tenu de la nature de leur métier et qui, en même temps, doivent suivre une politique uniforme pour favoriser la standardisation des pratiques au sein de l'entreprise ; etc.

Les administrations et les entreprises publiques, dans l'obligation légale de dissocier « celui qui dépense » de « celui qui paye » à travers le principe dit des « 4 yeux » ou du « double regard », ne peuvent faire autrement que d'adopter une organisation duale. L'agent comptable ne dépend pas hiérarchiquement du Directeur Général comme dans une entreprise privée. Il possède une autorité fonctionnelle qui lui permet de dire non au détenteur de l'autorité hiérarchique.

Il y a deux variantes de l'organisation duale en fonction de la manière dont l'autorité est allouée aux versants de la matrice. Quand l'autorité hiérarchique est affectée au versant divisionnel, ce qui est le plus courant, le profil organisationnel est le suivant : « Plutôt locale », « Plutôt divisionnelle », « Plutôt horizontale », « Plutôt collective » et « Plutôt informelle ». Quand, au contraire, l'autorité hiérarchique est affectée au versant fonctionnel, au niveau du paramètre de conception « Regroupement des activités », l'organisation devient « Plutôt fonctionnelle »[13] et la régulation des comportements est « Plutôt formelle » et non plus « Plutôt informelle ».

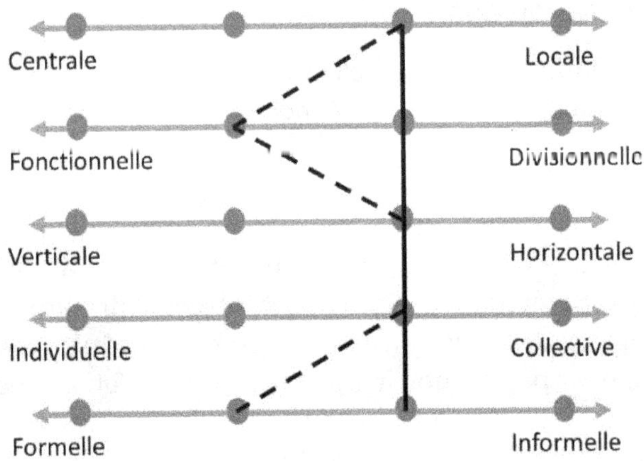

Figure N°33 :
Les deux profils organisationnels du modèle dual

Détaillons le profil de l'organisation duale à partir de l'examen des cinq paramètres de conception.

Dans ce modèle organisationnel, l'autorité est partagée entre ceux en charge d'obtenir des résultats opérationnels et ceux en responsabilité de l'optimisation des ressources (financières, technologiques, matérielles et humaines). L'efficience, c'est-à-dire la manière dont les ressources sont utilisées, est un enjeu stratégique équivalent à l'efficacité (mesurée à partir des résultats produits au regard des objectifs fixés). L'organisation duale permet de bien dissocier les deux facettes de la performance sans les hiérarchiser.

La principale traduction organisationnelle de cette dualité stratégique est le découplage des autorités hiérarchique et fonctionnelle. La première est dans certaines mains, la seconde dans d'autres. La structure devient matricielle dans la mesure où certains membres de l'organisation rapportent à plusieurs personnes simultanément : un manager opérationnel et un responsable fonctionnel.

---

13 Notons qu'en matière de design organisationnel, le terme « fonctionnel(le) » est employé à la fois pour qualifier un type d'autorité et un mode de regroupement des activités. Il n'y a pas forcément de concordance entre les deux. Ainsi, une entité fonctionnelle peut se voir allouer une autorité hiérarchique.

L'organisation duale est, par définition, multidimensionnelle et hybride. Dans certains cas, le versant vertical relève d'un mode de regroupement fonctionnel (R&D, production, commercial…) et le versant horizontal d'un regroupement divisionnel (par produits, clients, zones géographiques ou encore projets). Par exemple, le volet vertical de la structure d'un constructeur aéronautique est organisé selon un regroupement fonctionnel : direction de l'engineering, direction des opérations, direction commerciale… Le volet horizontal est, lui, organisé selon un regroupement divisionnel par projets : programme modèle d'avions N°1, programme modèle d'avions N°2… Dans d'autres cas, c'est le contraire. Par exemple, le volet vertical d'une URSSAF régionale est divisionnel géographique : une division pour chacun des départements de la région. Le volet horizontal, quant à lui, est fonctionnel : gestion des comptes, recouvrement et relation aux cotisants.

Dans l'organisation duale, l'expression « le tout ne se réduit pas à la somme des parties » prend toute sa signification et a des conséquences opérationnelles très prégnantes. Une organisation multidimensionnelle ne se réduit pas à la superposition de deux structures monodimensionnelles. Elle s'attache à favoriser des synergies du type « 1+1=3 » en évitant que « 1+1=0 ». Le paralytique voit, mais ne marche pas. L'aveugle marche, mais ne voit pas. En coopérant, ils marchent et voient tous les deux. Voilà tout l'enjeu des organisations duales.

Pour que A et B coopèrent, il faut que A détienne des ressources nécessaires à l'atteinte des objectifs de B, et inversement. C'est le cas des entités verticales et horizontales qui dépendent les unes des autres. Mais la coopération ne se résume pas à une relation client/fournisseur : c'est une boucle client/fournisseur ! Le client dépend du fournisseur qui dépend du client, lequel devient par là même son fournisseur. Dans cette boucle, les « nœuds » de la matrice, qui se situent au carrefour des logiques verticale et horizontale, jouent un rôle déterminant. Ce sont eux qui, en fonction du contexte et du moment, effectuent, localement et au cas par cas, les arbitrages que l'on n'a pas souhaités faire une fois pour toute au niveau global. C'est la raison pour laquelle l'organisation duale est plutôt décentralisée et l'allocation de l'autorité, ainsi, « Plutôt locale ».

Si les « nœuds » ne décident de rien et ne font que mettre en œuvre les décisions prises par les managers verticaux et horizontaux alors, non seulement l'organisation duale perd tout son intérêt, mais, en plus, elle provoque des dégâts humains importants. Pourquoi ? Les managers verticaux et horizontaux portent des logiques organisationnelles différentes, complémentaires mais aussi pour partie antagonistes. En exigeant des « nœuds » la seule mise en œuvre des décisions qu'ils prennent, ils risquent de les placer face à des injonctions paradoxales. Les exigences des managers verticaux et celles des managers horizontaux ont beaucoup de chance d'être contradictoires. Si ce n'était pas le cas, les débats auraient été tranchés au niveau global. L'une des deux dimensions organisationnelles aurait été subordonnée à l'autre. On aurait adopté un modèle monodimensionnel, comme l'organisation pyramidale par exemple, et non multidimensionnel.

Dans une organisation duale, les objectifs de chacun des versants de la matrice sont formalisés ainsi que les grands principes du partage de l'autorité. Pour le reste, la régulation est largement informelle, surtout quand le mode de regroupement des activités est « Plutôt divisionnel », c'est-à-dire que l'autorité hiérarchique est allouée au versant divisionnel de la matrice. La culture commune permet aux différents protagonistes de mobiliser leurs compétences dans le cadre de logiques organisationnelles à la fois complémentaires et antagonistes. Le partage de valeurs pratiquées permet de dépasser les inévitables tensions, voire de faire de ces dernières le moteur de l'action collective. Quand l'autorité hiérarchique est allouée au versant fonctionnel, et que donc le mode de regroupement des activités est « Plutôt fonctionnel », la régulation des comportements est « Plutôt formelle ».

Dans une organisation duale, le rôle du manager est un peu à l'image de celui du coach d'une équipe de football. D'un côté, il constitue une équipe composée de joueurs au cœur de la production des résultats : gagner ou perdre des matchs (efficacité). De l'autre, il s'appuie sur un *staff* qui recrute de nouveaux joueurs, les entraîne et les prépare physiquement, analyse la tactique des adversaires… c'est-à-dire tout ce qui concerne la manière dont les ressources sont utilisées (l'efficience). Si la performance est collective, on peut malgré tout identifier des contributions individuelles spécifiques. Quand l'équipe gagne, c'est bien la dynamique collective qui est mise en avant. En revanche, quand elle perd trop souvent et que les résultats ne sont pas à la hauteur des ambitions, c'est en général le coach qui en fait les frais. Il est injuste de lui faire porter l'entière responsabilité des échecs rencontrés mais, changer de coach, est la manière la plus facile et immédiate de créer un électrochoc pour tenter de retrouver une dynamique conduisant au succès.

L'organisation cellulaire

A l'origine, le modèle cellulaire a été observé dans l'organisation des équipes dites « semi-autonomes » nées dans les mines de charbon anglaises et modélisées par des chercheurs du *Tavistock Institute* de Londres (Emery et Trist, 1960). Les équipes « semi-autonomes » ont par la suite rencontré un vif succès en Europe du Nord, en Suède en particulier. Si leur développement a été plus lent en France, on les trouve néanmoins, dès les années 1980, dans le secteur de la chimie et dans l'industrie agro-alimentaire, chez Danone notamment.

Après un net déclin, le modèle cellulaire a connu un regain d'intérêt dans les années 1990 aux Etats-Unis avec le courant dit de la *Team-based Organization* (Mohrman, Cohen et Mohrman, 1995). Aujourd'hui, il connaît un nouvel essor dans les entreprises digitales en quête d'agilité. Il est, par exemple, au cœur de la méthode *Scrum* (Aubry, 2015) ou encore de l'Holacratie (Robertson, 2015), approches très en vogue dans les start-ups.

Il y a deux grandes variantes de l'organisation cellulaire. Le profil organisationnel de la première est le suivant : « Locale », « Divisionnelle », « Horizontale », « Collective » et « Informelle ». Celui de la seconde est identique à l'exception de la régulation des comportements qui est « Plutôt informelle » quand on cherche à étendre le modèle au-delà d'une seule ou d'une poignée d'équipes, comme c'est l'ambition des approches qui visent à déployer l'agilité à grande échelle au sein des entreprises de taille conséquente.

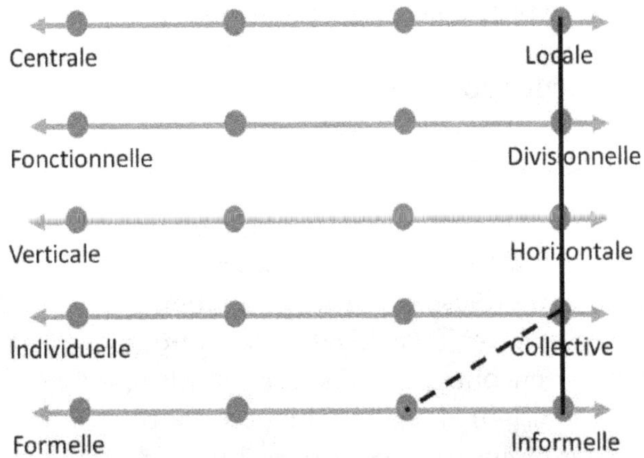

Figure N°34 :
Les deux profils organisationnels du modèle cellulaire

Détaillons le profil de l'organisation cellulaire à partir de l'examen des cinq paramètres de conception.

Dans ce modèle organisationnel, l'autorité est répartie entre l'ensemble des membres de l'organisation qui assument collectivement la responsabilité de la performance. L'autorité est distribuée selon le principe de la subsidiarité plutôt que celui de la délégation. Le pouvoir de décision est décentralisé. Le modèle cellulaire se pose ainsi comme l'opposé des modèles personnalisé et bureaucratique qui, eux, sont centralisés.

La fonction de management est partagée sans qu'il y ait à proprement parler de manager, sauf si les membres de l'organisation en décident autrement. Ils peuvent par exemple, pour des raisons d'efficacité et/ou d'efficience, affecter à l'un d'eux un rôle managérial plus ou moins éphémère. Mais la personne qui se trouve alors en situation de management est au service des autres membres de l'organisation et non l'inverse comme dans l'organisation personnalisée ou pyramidale.

La structure forme un cercle composé de compétences autonomes non hiérarchisées entre elles. Elles interagissent par des ajustements mutuels coopératifs. La coordination résulte d'une régulation autonome par opposition à la régulation de contrôle[14] présente dans les quatre autres types d'organisation et, en particulier, dans les deux premiers (les modèles personnalisé et bureaucratique).

L'organisation cellulaire est centrée sur un résultat non ambigu, c'est-à-dire identifiable et, surtout, mesurable. C'est bien parce que le résultat à atteindre et les indicateurs pour le mesurer ne prêtent pas à discussion qu'ils peuvent être portés collectivement. Ainsi, le mode de regroupement des activités du modèle cellulaire est divisionnel. C'est la raison pour laquelle l'organisation cellulaire est centrée sur un processus ou un sous-processus au périmètre circonscrit et aux résultats tangibles. On comprend alors pourquoi ce modèle est propice à l'organisation des équipes de développement informatique dont les projets sont aisément découpés en sous-projets, lesquels sont à leur tour segmentés en sous-sous-projets, et ainsi de suite jusqu'à aboutir à un périmètre d'action suffisamment restreint pour pouvoir être pris en charge par une équipe de taille réduite.

Les parties relèvent elles aussi d'un mode de regroupement divisionnel avec une particularité de taille par rapport aux autres modèles organisationnels : la plupart des activités de base sont portées, non par une seule partie mais par plusieurs. Comme l'explique très justement Hubert Landier (2016), l'organisation cellulaire est structurée selon un réseau maillé au sein duquel existent plusieurs chemins de communication et de coopération possibles entre les activités de base. Cette redondance, pas très efficiente, est d'une redoutable efficacité dans des univers complexes caractérisés au premier chef par l'incertitude et la turbulence. Elle permet notamment des « dépassements de fonction », synonymes de flexibilité, et des réagencements rapides, gages d'adaptabilité de l'organisation.

Au sein d'une organisation cellulaire, l'essentiel des activités et des étapes des processus de décision sont logées dans des équipes horizontales souvent multidimensionnelles (par produits, marchés et/ou régions géographiques). La dimension verticale de l'organisation, quand elle existe, n'est là que pour fournir des compétences aux équipes.

14 La distinction entre régulation autonome et régulation de contrôle a été précisée dans le chapitre 5 consacré à la responsabilité de la performance.

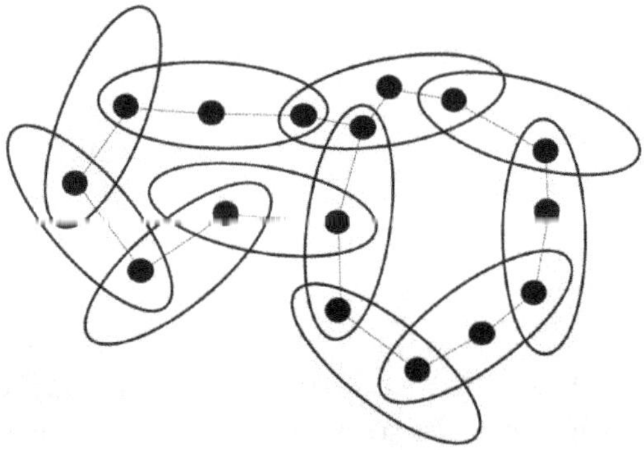

Figure N°35 :
Les composants enchevêtrés d'une organisation cellulaire

L'organisation cellulaire, contrairement aux autres modèles, est constituée de véritables équipes dans la mesure où la responsabilité de la performance y est collective. Dans les organisations personnalisées et bureaucratiques, la responsabilité de la performance est individuelle. Elle est uniquement portée par le leader, le chef ou le *staff*. Dans le modèle pyramidal, elle est cascadée, et elle est partagée entre les deux versants de la matrice dans le modèle dual. Si on définit une équipe comme un groupe d'individus qui, ensemble, fabriquent un produit ou fournissent un service dont ils sont mutuellement responsables alors seule l'organisation cellulaire fait exister des équipes au sens propre du terme. La performance n'est plus incarnée par une ou deux personnes mais bien par un collectif.

Le fait que la responsabilité de la performance soit collective favorise la coopération au sein de l'équipe. Tout le monde a intérêt à ce que les résultats soient bons, pas seulement le leader de l'organisation personnalisée ou le manager de l'organisation pyramidale. Les risques de déresponsabilisation, voire d'apparition de « passagers clandestins », s'amenuisent. Il n'y a pas d'un côté le leader ou le manager dans une logique de résultats, et, de l'autre, ses collaborateurs dans une logique de moyens. Tout le monde se trouve logé à la même enseigne. Quand l'un des membres de l'équipe ne joue pas le jeu, il est en général rappelé à l'ordre par ses coéquipiers, surtout si la performance est sanctionnée par un bonus collectif. Au sein d'une équipe, la régulation s'effectue moins par le père que par les pairs, ce qui est le propre de la régulation autonome.

L'organisation cellulaire est très largement informelle. Les compétences individuelles y sont combinées et recombinées par l'intermédiaire de réseaux informels enchevêtrés dont le maillage est particulièrement dense grâce à la redondance des voies de communication et de coopération. Cependant, quand on cherche à la déployer à grande échelle, un minimum de formalisation s'impose. Dans l'Holacratie (Robertson, 2015), par exemple, la raison d'être est formalisée, tout comme la constitution qui précise les règles de fonctionnement, ainsi que les rôles et les redevabilités.

En matière de management, la métaphore de l'homme-orchestre permet de qualifier le modèle personnalisé, le chef d'orchestre le modèle pyramidal, le coach d'une équipe de football le modèle dual. Le groupe de jazz est l'image la plus judicieuse pour caractériser le modèle cellulaire.

CHAPITRE 10
La gestion des polarités

Nous avons changé de monde, affirmais-je dans l'introduction de cet ouvrage. Hier, la périodicité des modifications de l'environnement -l'espace de temps qui sépare deux événements déclencheurs d'un changement (l'arrivée d'une nouvelle réglementation, l'entrée d'un nouveau concurrent sur le marché, l'apparition d'une nouvelle technologie…)- était supérieure à la durée de la mise en œuvre des changements organisationnels, c'est-à-dire au temps qu'il fallait aux entreprises pour passer d'une organisation à l'autre. Les moments de changement encadraient des périodes de stabilité plus ou moins longues selon le degré de stabilité des secteurs d'activité. Aujourd'hui, ce n'est plus le cas : la périodicité des modifications de l'environnement est devenue plus courte que la durée de mise en œuvre des changements d'organisation.

Dans ce contexte, le véritable avantage compétitif réside moins dans le choix d'un positionnement stratégique gagnant que dans la capacité à changer plus rapidement que ses concurrents. Les entreprises doivent dorénavant être capables de faire deux choses simultanément de manière permanente et continue : délivrer et changer (Kotter, 2014).

Grâce à la notion de modèle organisationnel, nous avons vu comment on pouvait diagnostiquer une organisation sans se référer à une quelconque vision stratégique. Il convient de procéder en trois temps : (1) reconstituer le profil de l'organisation à partir de son positionnement sur chacun des cinq paramètres de conception ; (2) rapprocher son profil de celui de son modèle de référence compte tenu des caractéristiques de son contexte d'action appréhendées à partir des facteurs de contingence ; (3) identifier les paramètres de conception convergents (points forts de l'organisation) et divergents (axes de progrès de l'organisation).

Pour sortir complètement de la logique de l'alignement stratégique, insuffisante dans un contexte de changement permanent, il nous reste maintenant à doter les dispositifs de design organisationnel d'une dimension dynamique et non plus statique.

L'impasse de l'entreprise libérée

Dans cette optique, certaines démarches récentes proposent d'éradiquer toute forme de bureaucratie pour rendre les organisations plus organiques. A écouter Isaac Getz (2013), Brian Robertson (2015) et Frédéric Laloux (2014), il faudrait ainsi libérer les entreprises de toute forme de contrôle et accorder autant d'autonomie que possible aux acteurs de terrain.

Louable intention ! Mais opposer autonomie et contrôle est simpliste et ne résiste pas à l'épreuve des faits. Quand bien même les entreprises dites libérées seraient adaptées à certains contextes très spécifiques (environnement turbulent voire chaotique, petite taille, patron charismatique...), elles sont inenvisageables dans beaucoup de secteurs d'activité, notamment ceux qui exigent une taille critique et une forte capacité de standardisation pour produire de la conformité et tirer parti d'économies d'échelle.

Nous avons vu dans le chapitre 5 consacré à la responsabilité de la performance que deux formes de régulation cohabitaient dans tout type d'organisation : la régulation autonome et la régulation de contrôle. Que depuis deux bonnes décennies, les entreprises soient allées beaucoup trop loin du côté du contrôle ; qu'en concentrant exclusivement leur attention sur les processus et *KPI* (*Key Performance Indicators*), c'est-à-dire sur les seuls aspects formels de la régulation des comportements, elles aient fini par faire disparaître toute forme de vie en leur sein avec des conséquences dramatiques tant sur le bien-être de leurs salariés que sur leur niveau de performance ; plus personne ne le conteste aujourd'hui. Mais on ne réglera pas le problème en remplaçant complètement le contrôle par l'autonomie, en tout cas pas dans tous les contextes d'action.

Plus grave ! Il y a tapi dans le courant de l'entreprise libérée la quête d'une organisation idéale que l'on croyait disparue depuis l'avènement de l'école dite de la contingence dans les années 1960. Il faut croire que le fantasme du *one best way* de Frederick Taylor (1911), dont l'ambition était de faire de l'organisation une science exacte, a la vie dure. L'entreprise libérée, l'Holacratie ou encore la *Teal Organization*, ne sont pas seulement des impasses dans certains contextes d'action. De par leur prétention universaliste, ces approches sont aussi de véritables régressions par rapport à l'état de l'art du design organisationnel.

De l'être au devenir

Pour appréhender le changement organisationnel comme un processus permanent et continu et non comme un moment en soi borné dans le temps avec un début et une fin, se tourner vers les visions du monde dites mobilistes, évolutionnistes ou encore processuelles, dans lesquelles toute chose est pensée comme étant par essence en mouvement et en perpétuelle évolution, me semble être une démarche bien plus féconde.

Cette vision du monde est au cœur des travaux actuels sur la complexité qui, appréhendant le réel dans son mouvement perpétuel, se concentrent davantage sur le « devenir » que sur « l'être »[15]. Cette manière d'appréhender les choses n'a rien de nouveau. Elle était déjà présente dans la pensée de certains philosophes comme Henri Bergson (1907) ou encore William James (1911), mais aussi dans les fameux *Fragments* d'Héraclite il y a environ 2500 ans et, à peu près à la même époque, chez Lao-Tseu.

Dans le domaine de cet ouvrage, l'adoption d'une vision du monde dynamique a amené Karl Weick (1969) à proposer d'appréhender l'organisation plutôt comme une action (*Organizing*) que comme un état (*Organization*). L'emploi du gérondif met l'accent plus sur les processus que sur les structures et davantage sur l'organisant que sur l'organisé.

La complémentarité des opposés

Toutes ces approches s'accordent sur au moins un point : le mouvement perpétuel, essence de toute chose, s'explique par la présence de forces opposées et interdépendantes. C'est sans doute la pensée traditionnelle chinoise qui a poussé cette idée le plus loin à travers la

[15] Ilya Prigogine (1980) en a même fait le titre d'un de ses ouvrages phares.

notion de Yin-Yang sur laquelle il y a tant de malentendus en Occident. L'ouvrage, que le sinologue Cyrille Javary (2018) lui a consacrée, est particulièrement instructif. Trois idées clés sont essentielles pour notre propos.

D'abord, Yin-Yang exprime au moins autant l'unité que la dualité. Le sinologue propose d'écrire Yin-Yang et non Yin&Yang pour mettre l'accent sur le fait que, au même titre que clair-obscur ou qu'aigre-doux, Yin-Yang s'exprime en un seul mot. « Contrairement aux apparences, Yin-Yang n'est pas binaire mais bien ternaire : de la coprésence de ces deux souffles naît le troisième, le vide médian. Il est indispensable : c'est lui, lieu de circulation vitale, qui aspire Yin-Yang et entraîne ceux-ci dans le processus d'interaction mutuelle. Le vide médian est proprement le trois qui, né du deux, permet au deux de se dépasser. »[16] Yin ne peut opérer sans Yang, et inversement. Ensemble, ils forment un tout qui dépasse chacun d'eux. Ainsi, l'inspiration et l'expiration sont deux actions dont résulte la respiration au cœur de la vie humaine.

Ensuite, Yin et Yang ne sont pas seulement des états mais aussi des modes d'agir ou des processus. Yin n'est pas juste la nuit et Yang le jour. Yin est aussi le passage du jour à la nuit et Yang le passage de la nuit au jour. Yin n'est pas uniquement l'hiver et Yang l'été. Yin est aussi le passage de l'été à l'hiver (l'automne) et Yang le passage de l'hiver à l'été (le printemps). D'une manière générale, Yin désigne un mouvement qui se dirige vers soi (par exemple inspirer) et Yang un mouvement qui s'éloigne de soi (expirer). Pour formuler Yin et Yang, il est aussi judicieux d'employer des verbes d'action que des noms ou des adjectifs.

Enfin, Yin-Yang est un balancement perpétuel. A la manière d'un pendule, lorsqu'un mouvement atteint son maximum, il se transforme en son envers. C'est la principale signification des deux points - blanc au cœur de la zone noire, et noir au centre de la zone blanche - du Taiji tu, le symbole du Yin-Yang (voir figure page suivante).

« N'y voir qu'une goutte de Yin dans Yang, et réciproquement, pour en déduire que rien n'est jamais tout à fait blanc ou tout à fait noir est une explication superficielle, statique et gravement réductrice car elle entérine la séparation entre les deux constituants. L'idée exprimée par la présence de ces deux points est que, au cœur de

---

[16] Javary (2018, p. 52)

chaque moment d'une structure évolutive, il y a toujours quelque part l'existence, non seulement de son contraire, mais aussi de son futur. Surtout, ces deux points ne sont pas placés n'importe où mais, géométriquement, juste à l'endroit correspondant à la zone maximale d'extension de chaque couleur. Ils sont donc les messagers graphiques du tempo Yin-Yang : ce qui parvient à son maximum se transforme en son envers. »[17] Pour rester en vie, à la fin de l'inspiration qui fait entrer de l'oxygène dans nos poumons, il y a l'expiration qui en fait ressortir du gaz carbonique.

Figure N°36 :
Le Taiju tu symbole du Yin-Yang

Appréhender le réel d'une manière générale, et les organisations en particulier, à partir de ce prisme processuel et évolutionniste nécessite de reconsidérer un principe et une règle au cœur de notre mode de pensée.

D'une part, le principe de non-contradiction d'Aristote qui interdit à la fois d'affirmer et de nier le même terme ou la même proposition : « Il est impossible qu'un même attribut appartienne et n'appartienne pas en même temps et sous le même rapport à une même chose. » D'autre part, l'une des quatre règles de la méthode de Descartes (1637), dite règle de l'analyse, qui nous invite à analyser ce

[17] Op.cit. p. 96.

qui est composé en le découpant en éléments simples pour l'expliquer : « Diviser chacune des difficultés que j'examinerais, en autant de parcelles qu'il se pourrait et qu'il serait requis pour les mieux résoudre. »

Ce principe et cette règle sont tellement ancrés dans notre culture qu'ils constituent sans nul doute les principaux freins pour appréhender le changement comme un processus permanent et continu à travers une vision dynamique des organisations.

Quatre caractéristiques principales

J'ai insisté sur cette idée à maintes reprises depuis le début de cet ouvrage : les deux forces en tension, qui composent chacun des cinq paramètres de conception, sont à la fois antagonistes et complémentaires. Chacune présente des avantages et des inconvénients. D'ailleurs, les avantages de l'une sont les inconvénients de l'autre, et réciproquement. Le designer organisationnel cherche à les combiner pour trouver le dosage permettant de tirer le meilleur parti de chacune d'elles en fonction du contexte d'action de l'organisation appréhendé à partir des deux facteurs de contingence, le degré de complexité du système à organiser d'une part, la culture de l'autorité dans l'entreprise d'autre part.

En s'appuyant sur les enseignements du Yin-Yang présentés ci-dessus, on peut ajouter trois caractéristiques à cette première propriété des couples de forces en tension.

D'abord, chacune des forces représente à la fois un état et un processus. Quand on dit d'une organisation qu'elle est plutôt centralisée ou plutôt décentralisée, on qualifie un état. Mais on peut aussi utiliser la centralisation pour exprimer un mouvement centripète, qui dirige le pouvoir de décision vers le sommet de l'organisation et le concentre dans un nombre de mains de plus en plus réduit. La décentralisation, quant à elle, qualifie le processus contraire, c'est-à-dire le mouvement centrifuge qui rapproche le pouvoir de décision de la base de l'organisation et le partage entre un nombre de personnes de plus en plus important. Dans un cas on qualifie une réalité statique, un état ; dans l'autre, un processus dynamique.

Ensuite, tout comme il y a toujours du Yin dans le Yang et du Yang dans le Yin, les deux forces de chaque paramètre de conception n'existent jamais à l'état pur indépendamment l'une de l'autre. Par exemple, dans une organisation formelle, il y a toujours un peu d'informel. J'ai même montré que, contrairement à certains fantasmes, c'était indispensable au fonctionnement de toute organisation, aussi mécaniste soit elle. L'inverse est également vrai : il n'existe pas d'organisation uniquement informelle. C'est donc par abus de langage que l'on parle d'organisations formelles ou encore d'organisations verticales, d'organisations centralisées... Quand on reconstitue le profil organisationnel d'une entreprise, sur le paramètre de conception « Orientation de l'action » par exemple, même si on la positionne sur l'état « Verticale », cela ne veut pas pour autant dire qu'il n'y a aucune trace d'horizontalité en son sein. Il peut y avoir des comités et des rituels transverses mais pas de rôles dédiés à l'animation transversale.

Enfin, les forces organisationnelles de chaque couple oscillent dans un mouvement perpétuel, c'est-à-dire que, quand elles sont parvenues à leur maximum, elles se transforment en leur envers. C'est ce que certains nomment l'effet balancier : « Après avoir décentralisé notre organisation il y a quelques années, on a pour projet de la centraliser à nouveau. » Les approches traditionnelles du design organisationnel dans la logique de l'alignement stratégique convoquent l'effet balancier pour qualifier un dysfonctionnement ou un manque de constance de l'équipe de direction. Dans une optique processuelle et évolutionniste, on y voit au contraire un attribut fondamental de l'organisation qui permet d'anticiper la dynamique dans laquelle elle se trouvera inévitablement après avoir atteint le maximum d'une des deux forces de chacun des cinq paramètres de conception. Les deux forces en tension de chacun des paramètres de conception ne sont pas seulement des opposés. Elles sont aussi le futur l'une de l'autre.

Des polarités à gérer plus que des problèmes à résoudre

Appréhender le changement organisationnel comme un processus continu nécessite de sortir de la logique du OU (décentralisée OU centralisée) et d'adopter celle du ET (centralisation ET décentralisation). Pour ce faire, comme souligné au chapitre 1, il faut considérer que le design organisationnel s'attache moins à résoudre des problèmes qu'à gérer des polarités (Johnson, 2014). Quand on diagnostique que son organisation est trop centralisée et qu'il conviendrait de la décentraliser, raisonner en termes de OU consiste à considérer la centralisation comme un problème et la décentralisation comme une solution. Ce faisant, on oublie qu'une fois décentralisée, le contexte évoluant, l'organisation aura inévitablement besoin, à un moment ou à un autre, d'être centralisée à nouveau. A ce moment-là, la décentralisation ne sera plus la solution et deviendra le problème.

En fait, le couple centralisation/décentralisation, comme les cinq autres paramètres de conception, ne sont ni des problèmes ni des solutions. Il convient plutôt de gérer leur polarité. Cela revient à considérer que : (1) au sein de chacun des cinq paramètres de conception, l'organisation est toujours en mouvement d'une force vers l'autre ; (2) quand elle atteint le maximum d'une force, elle amorce inévitablement un mouvement en sens inverse ; (3) le maximum des forces varie au fil du temps en fonction de l'évolution des caractéristiques du contexte d'action de l'organisation.

Des systèmes artificiels

Chaque force possède une borne qui représente, à un moment donné, son état le plus adapté aux caractéristiques de l'organisation et de son contexte d'action. Les bornes de chaque force se déplacent dans le temps en fonction de l'évolution des facteurs de contingence. On retrouve ce même phénomène dans la nature. Le jour succède toujours à la nuit mais leur durée respective varie en fonction des saisons. Les jours sont plus longs en été qu'en hiver.

La borne d'une force représente un seuil au-delà duquel elle se transforme en son envers. Quand une organisation dépasse sa borne de centralisation, elle doit entamer un mouvement de décentralisation. Ce mouvement de balancier serait automatique si l'entreprise était un système naturel comme le corps humain ou les saisons. Après une inspiration, l'homme n'a pas d'autre choix que d'expirer. Cela devient un réflexe automatique et inconscient.

Mais les entreprises sont des artefacts créés et conçus par l'homme pour répondre à ses besoins. Pour reprendre l'heureuse expression d'Herbert Simon (1969), l'organisation d'une entreprise n'est pas naturelle mais artificielle. Du coup, quand une force dépasse sa borne, elle ne se transforme pas automatiquement en son envers comme dans la nature. Il faut une action humaine pour la déclencher. Et tant que cette dernière n'intervient pas, la force qui a dépassé sa borne entre en conflictualité avec celle qui lui est opposée. Le dosage entre les deux forces opposées n'est plus adapté au contexte d'action de l'organisation appréhendé à partir des deux facteurs de contingence. L'équilibre est rompu et laisse place à un déséquilibre. A ce moment-là, l'aspect antagoniste des deux forces prend le dessus sur leur complémentarité, les avantages se transformant en inconvénients. On parle alors de dysfonctionnement organisationnel.

En suivant la proposition de Wendy Smith et Marianne Lewis (2011) déjà présentée au chapitre 1, nous dirons que la tension est latente quand les deux forces sont en équilibre et que leur dimension complémentaire l'emporte sur leur aspect antagoniste, et que la tension devient manifeste quand les deux forces sont en déséquilibre parce que leur dimension antagoniste l'emporte sur leur aspect complémentaire. Le design organisationnel dans un contexte de changement permanent consiste à faire en sorte que la tension reste latente le plus longtemps possible et soit manifeste le laps de temps le plus réduit. Cela ne peut donc pas être une démarche ponctuelle qui consiste à se réorganiser une fois de temps en temps. Il s'agit plutôt, comme le propose Naomi Stanford (2015), de faire vivre un processus continu.

Polarity Management

Barry Johnson (2014) nous fournit un outil très pratique pour gérer la polarité de chacun des couples de forces organisationnelles : le *Polarity Management*.

Pour chacun des cinq paramètres de conception, c'est-à-dire chacun des cinq couples de forces en tension, il s'agit de construire un tableau comportant deux lignes, deux colonnes et donc quatre cadrans. La colonne de gauche représente la première des deux forces du couple choisi, la colonne de droite la force opposée. Dans la ligne supérieure figurent les avantages organisationnels tirés de chacune des forces quand elles sont en équilibre (quand leur dimension complémentaire l'emporte sur leur aspect antagoniste et que la tension reste latente), c'est-à-dire quand le dosage entre les deux forces est adapté aux facteurs de contingence. Dans la ligne inférieure sont précisés les dysfonctionnements organisationnels issus de chacune des forces quand elles sont en déséquilibre (leur dimension antagoniste l'emporte sur leur aspect complémentaire, la tension devenant ainsi manifeste), c'est-à-dire quand le dosage entre les deux forces n'est plus adapté au contexte d'action de l'organisation.

Le design organisationnel dans un contexte de changement permanent ne consiste pas à résoudre des problèmes (décentraliser ou centraliser par exemple) mais à gérer la polarité de couples de forces à la fois complémentaires et antagonistes. Il s'agit de trouver, en fonction des moments, le juste équilibre entre la centralisation et la décentralisation au regard des caractéristiques du contexte d'action de l'organisation de manière à ce que la tension entre les deux forces reste latente et ne devienne pas manifeste. Latente, la tension permet à l'énergie de circuler entre les composants du système de manière à ce qu'il atteigne son but. Manifeste, la tension empêche l'énergie de circuler et ne permet plus aux composants d'interagir suffisamment correctement pour que le système parvienne à ses fins.

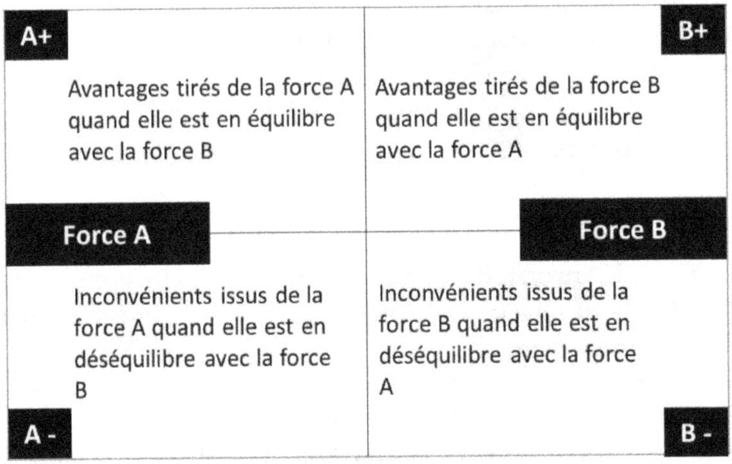

Figure N°37 :
La cartographie du Polarity Management

Un mouvement perpétuel

Quand l'organisation se trouve dans le cadran inférieur droit du couple centralisation/décentralisation, cela veut dire que, compte tenu des facteurs de contingence du moment auxquels elle est soumise, le niveau de centralisation de certains processus de décision est trop fort et entre en déséquilibre avec le niveau de décentralisation requis. Ce déséquilibre transforme la tension latente entre les deux forces en tension manifeste qui se traduit par des dysfonctionnements organisationnels. Résoudre ces derniers consiste à mettre en place des actions visant à accroître la décentralisation et/ou à réduire la centralisation de certains processus permettant ainsi de passer du cadran inférieur droit au cadran supérieur gauche. Une fois ce dernier atteint, les deux forces seront à nouveau en équilibre. La tension redeviendra latente et il sera possible de tirer à nouveau parti des avantages de la décentralisation dans sa complémentarité avec la centralisation.

En poursuivant ce même mouvement, l'organisation basculera inévitablement dans le cadran inférieur droit, c'est-à-dire que la décentralisation aura dépassé sa borne, les deux forces se trouveront alors à nouveau en déséquilibre. Les dysfonctionnements organisationnels seront à ce moment-là liés aux inconvénients générés par un trop fort niveau de décentralisation aux dépens du niveau de centralisation requis par les facteurs de contingence.

Il sera alors nécessaire d'envisager des actions visant à augmenter la centralisation et/ou à réduire la décentralisation pour passer du cadran inférieur droit au cadran supérieur gauche. En poursuivant ce même mouvement, l'organisation reviendra nécessairement à un moment ou à un autre au point de départ de notre exemple, c'est-à-dire au cadran inférieur droit.

Ce mouvement entre les quatre cadrans est donc infini. En cela, le design organisationnel dans un contexte de changement permanent consiste à gérer la polarité des couples de forces en tension et non à résoudre des problèmes. Mais ces polarités peuvent être plus ou moins bien gérées. Une polarité bien gérée se traduit par le fait que l'organisation passe l'essentiel de son temps dans les cadrans supérieurs, ceux qui permettent de tirer parti des avantages issus de la complémentarité entre les deux forces organisationnelles, et un temps réduit dans les deux cadrans inférieurs où surgissent des dysfonctionnements organisationnels liés à la dimension antagoniste des deux forces opposées.

Bien gérer la polarité d'un couple de forces organisationnelles nécessite ainsi de : (1) identifier le plus rapidement possible quand une force du couple dépasse sa borne ; (2) déclencher le mouvement inverse pour faire disparaître les dysfonctionnements liés à l'aspect antagoniste des deux forces ; (3) et mettre en place des actions permettant de tirer le meilleur parti des avantages organisationnels associés à la complémentarité des deux forces.

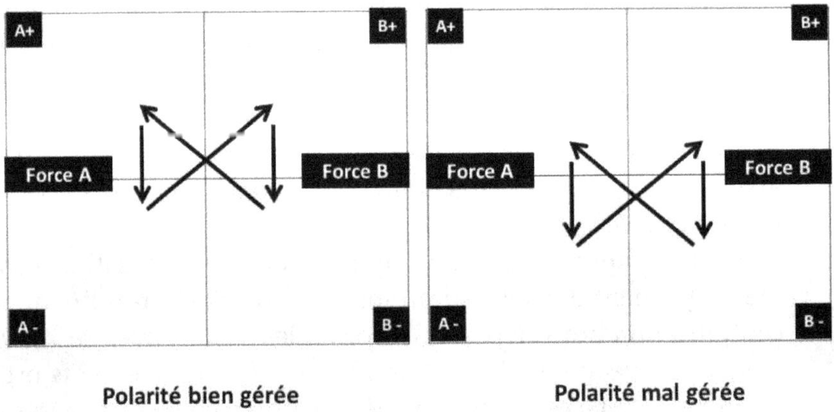

Figure N°38 :
Une polarité peut être plus ou moins bien gérée

CHAPITRE 11

Le design organisationnel refondé

Dans un contexte de changement permanent, le but du design organisationnel ne peut plus seulement être de concevoir des organisations permettant de déployer une vision stratégique particulière. La vision stratégique ne peut plus être la principale porte d'entrée du design organisationnel puisque, par définition, elle est caduque avant même d'être déployée. Comment envisager dorénavant la finalité du design organisationnel ?

Favoriser le mouvement naturel au sein de toute organisation

Comme je l'ai déjà rappelé à plusieurs reprises, les approches traditionnelles de design organisationnel, qui relèvent de la logique de l'alignement stratégique, sont composées de cinq grandes étapes : (1) modification substantielle du contexte d'action de l'entreprise ; (2) choix d'un positionnement concurrentiel différent et formalisation d'une nouvelle vision stratégique ; (3) constat que l'organisation en place ne permet pas de déployer cette nouvelle vision ; (4) design d'une nouvelle organisation alignée à la vision ; (5) mise en œuvre de la nouvelle organisation.

Dans cette optique, un changement s'impose quand l'organisation en place ne permet plus de déployer la vision stratégique envisagée. Cette vision du monde est on ne peut plus statique. Reprenons un point de vue mobiliste et processuel en remontant à l'une de ses sources. « On ne peut pas entrer deux fois dans le même fleuve » est sans doute l'un des *Fragments* les plus connus d'Héraclite. Poursuivant l'analogie avec le design organisationnel, les approches traditionnelles, contrairement au philosophe d'Ephèse, se sont davantage intéressées aux berges qu'au fleuve lui-même. Elles ont considéré qu'il y avait changement quand, sortant de son lit, le fleuve changeait de forme et que ses berges, naturelles et/ou artificielles, s'en trouvaient modifiées. Mais dans le monde d'aujourd'hui où la périodicité des changements est plus courte que leur durée de mise en œuvre, on n'a pas terminé de réaménager les berges que le fleuve sort à nouveau de son lit.

Pour Héraclite, le changement concerne d'abord le fleuve lui-même et pas seulement sa forme. Dans la mesure où il ne cesse de s'écouler, le fleuve est par essence même en mouvement. Dès lors, il ne s'agit pas de modifier ses berges une fois de temps en temps aux moments où il sort de son lit. Il convient plutôt de les aménager au quotidien pour favoriser la fluidité du fleuve -c'est-à-dire son mouvement naturel- et, ce faisant, éviter qu'il sorte de son lit.

Adopter une vision dynamique des organisations permet alors d'assigner une finalité renouvelée au design organisationnel dans un contexte de changement permanent : favoriser le mouvement naturel de toute organisation. Il s'agit au premier chef d'éviter les embolies entravant trop fortement leur fluidité et se traduisant par des dysfonctionnements qui rendent inévitables les réorganisations. A la manière d'un acupuncteur dont le but principal est d'éviter que ses patients tombent malades plutôt que de les soigner, la finalité du design organisationnel dans un contexte de changement permanent est de se préserver de toute forme brutale de réorganisation par des ajustements organisationnels au fil de l'eau. Là où le design traditionnel était d'abord et avant tout curatif, le design refondé est surtout préventif.

Cela a une conséquence fondamentale sur la manière d'appréhender le changement : il cesse d'être un problème de management pour devenir une question d'organisation. Il ne s'agit plus de concevoir et de piloter des démarches pour passer d'une organisation à l'autre mais de développer la capacité des organisations à changer. Comme le suggère Naomi Stanford (2015), cela nécessite que le design organisationnel opère une double mutation. D'une part, il doit devenir une capacité d'action ancrée dans les pratiques internes et plus seulement une boîte à outils utilisée par des consultants externes. D'autre part, il doit être déployé de façon continue et non uniquement de manière ponctuelle au moment des réorganisations. Quelle traduction concrète ces principes peuvent-ils trouver ? C'est l'objet de ce chapitre.

Réaliser une segmentation organisationnelle

Partant du principe que, dans un contexte en évolution permanente, une organisation ne peut pas être appréhendée de manière globale et uniforme, il convient de commencer par segmenter les activités de l'entreprise pour déterminer les périmètres et le contour de chaque micro-organisation centrée sur un seul niveau d'agrégation (un tout et des parties).

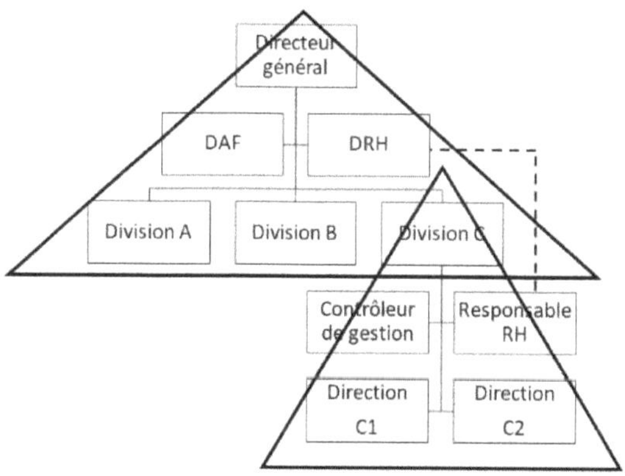

Figure N°39 :
La segmentation organisationnelle

En partant du niveau global, qui constitue la première des micro-organisations, la segmentation organisationnelle doit être réalisée à la fois de manières horizontale et verticale. Dans un premier temps, en fonction du ou des mode(s) de regroupement des activités retenu(s) au premier niveau d'agrégation (fonctionnel et/ou divisionnel), il convient de distinguer le système que constitue chaque entité. La direction de la R&D, la direction de la production, la direction commerciale… quand le mode de regroupement des activités est fonctionnel. Des divisions par produits, clients et/ou zones géographiques quand, au contraire, il est divisionnel. Un mix des deux dans le cas des organisations hybrides.

Dans les entreprises de grande taille, il est par ailleurs nécessaire de se livrer à une segmentation verticale au sein de chacune des entités de premier niveau. On pourra par exemple segmenter les directions en services puis les services en équipes jusqu'au dernier niveau d'agrégation organisationnel composé d'un tout et de parties élémentaires.

Mettre en place un comité de design organisationnel pour chaque micro-organisation

Les micro-organisations d'une entreprise ne sont pas naturelles, comme celle d'une cellule ou d'un organisme vivant, mais artificielles. Elles sont la résultante d'une intention et d'une action humaine. Piloter le changement organisationnel permanent ne se fait pas tout seul. Cela nécessite un dispositif spécifique. Pour chaque micro-organisation[18], il convient ainsi de mettre en place un comité.

Ce comité est composé de membres représentatifs de la diversité organisationnelle : un représentant du tout et de chacune des parties par exemple. Il se réunit à échéances régulières mais n'est pas décisionnaire. Il conduit tous les travaux de collecte et d'analyse des informations nécessaires à la prise de décision qui, elle, reste de la responsabilité de l'organe en charge de la direction de ladite organisation, un comité de direction par exemple. Ce comité est, pour reprendre la typologie exposée au chapitre 4, doté d'une autorité de compétence et non d'une autorité fonctionnelle. Il conseille, recommande mais ne décide pas. Pourquoi ?

Dans un contexte de changement permanent, les organisations, rappelons-le, doivent faire simultanément deux choses de manière permanente et continue : délivrer et changer (Kotter, 2014). Confier chacune de ces finalités à des organes de décision différents fait courir le risque d'une organisation schizophrénique où le *run* et le *build* sont désarticulés. Pour que les évolutions organisationnelles soient en prise avec la réalité et qu'elles puissent être mises en œuvre en temps réel, il faut un seul et unique organe de décision.

La participation au comité de design organisationnel est temporaire. Ses membres sont régulièrement remplacés. Mais leur contribution est reconnue au sein de l'entreprise : du temps leur est officiellement alloué (ce qui nécessite souvent de revoir la charge de travail associée à leur fonction principale), des objectifs en matière de

---

[18] Pour ne pas alourdir le texte, la micro-organisation retenue est nommée organisation tout au long de ce chapitre.

design organisationnel leur sont fixés, les résultats obtenus sont intégrés à l'évaluation de leur performance et à l'évolution de leur rétribution.

Bref, en dehors du responsable du développement des organisations (et, éventuellement, de son équipe dans les grands entreprises), les contributions en termes de design organisationnel prennent la forme de rôles *part time* tenus en plus d'une fonction principale mais reconnus officiellement au sein de l'entreprise.

Diagnostiquer chaque micro-organisation

Dans un monde où tout change très vite, les dirigeants ont tendance à se précipiter sur la recherche de solutions sans consacrer le temps nécessaire au diagnostic de leur organisation. Au contraire, plus le rythme du changement est rapide, plus le diagnostic est important. « Un problème bien posé est à moitié résolu » disait à juste titre le philosophe Henri Bergson (1907).

Face au changement permanent, c'est le modèle dont l'organisation doit s'approcher compte tenu du degré de complexité de son contexte d'action qui sert de référence pour réaliser le diagnostic et non plus la vision stratégique, comme dans les approches issues de l'alignement stratégique. Le diagnostic organisationnel consiste à identifier, à un moment donné, les paramètres de conception en déséquilibre et, ce faisant, générateurs de dysfonctionnements organisationnels. Il comporte quatre étapes.

La première consiste à reconstituer le profil de l'organisation. Sur chacun des cinq paramètres de conception, il s'agit d'identifier, parmi les quatre possibles, l'état auquel correspond l'organisation.

La deuxième étape du diagnostic organisationnel vise à caractériser le contexte d'action de l'organisation à partir des deux facteurs de contingence : le degré de complexité du système d'une part, la culture de l'autorité dans l'entreprise d'autre part. Cela permet, dans un troisième temps, de déterminer le modèle de référence de l'organisation.

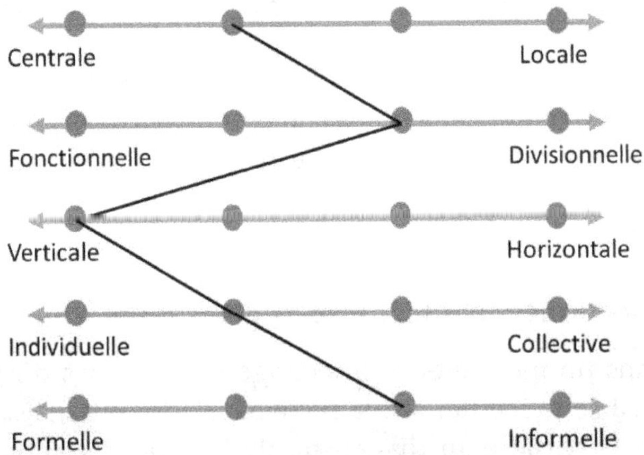

Figure N°40 :
Exemple de profil organisationnel

Le modèle organisationnel de référence dépend d'abord et avant tout du degré de complexité du système à organiser. Il doit néanmoins également tenir compte de la culture de l'autorité dans l'entreprise. Si les deux facteurs de contingence concordent, l'identification du modèle de référence est immédiate. Quand cela n'est pas le cas, c'est le degré de complexité qui prime. Le décalage avec la culture de l'autorité indique cependant que l'adoption d'un tel modèle résultera d'une transformation et pas seulement d'une évolution[19].

Enfin, la quatrième et dernière étape du diagnostic organisationnel consiste à rapprocher le profil de l'organisation et celui de son modèle de référence de manière à repérer les écarts pour identifier les paramètres de conception convergents et divergents.

Gérer la polarité de chaque paramètre de conception

Le diagnostic organisationnel permet d'identifier, pour chacun des cinq paramètres de conception, le point de départ du cycle de gestion de la polarité, c'est-à-dire le cadran dans lequel se situe l'organisation.

En comparant le profil de l'organisation à celui de son modèle de référence identifié à partir des deux facteurs de contingence, on peut

[19] La différence entre évolution et transformation est abordée en fin de chapitre.

caractériser les écarts et, ce faisant, repérer les paramètres de conception divergents. Au sein de ces derniers, les deux forces du couple ne sont a priori plus suffisamment en équilibre pour que la tension reste latente. Devenue manifeste, elle génère un certain nombre de dysfonctionnements organisationnels préjudiciables à la circulation de l'énergie au sein de l'organisation.

Au sein des paramètres de conception divergents, il s'agit alors d'identifier la force du couple qui a priori dépasse sa borne par rapport à ce qu'indique le modèle organisationnel de référence. On est alors en mesure d'identifier le point de départ (le cadran inférieur gauche ou droit de la cartographie de *Polarity Management*) de la gestion de la polarité.

Pour les paramètres convergents, ceux où les deux profils se superposent, la tension entre les deux forces est a priori latente. On est alors en mesure d'identifier le point de départ (le cadran supérieur gauche ou droit de la cartographie de *Polarity Management*) de la gestion de la polarité.

Prenons la polarité centrale/locale comme exemple pour illustrer de manière concrète le cycle de gestion d'une polarité organisationnelle[20]. Compte tenu de l'évolution des facteurs de contingence qui s'imposent à elle, quand l'organisation dépasse la borne qui correspond à son état maximal de centralisation, la tension entre les forces centrale et locale n'est plus latente et devient manifeste. Apparaissent alors un ou plusieurs des dysfonctionnements organisationnels suivants : biais cognitif dans la prise de décision, voire aveuglement décisionnel ; désalignement entre la prise de décision et sa mise en œuvre ; manque de réactivité et d'adaptabilité à la variété des contextes d'action ; embouteillage décisionnel au sommet de l'organisation ; déresponsabilisation, voire désengagement des acteurs de terrain.

On diminue alors le poids de la centralisation et on augmente celui de la décentralisation pour retrouver pleinement les avantages associés à l'allocation locale de l'autorité : intelligence situationnelle et proximité opérationnelle ; *empowerment* et valorisation du potentiel de chacun ; réactivité et adaptabilité ; valorisation de la diversité des compétences ; optimisation du potentiel combinatoire des entités

---

[20] Les cartographies standards de la polarité des quatre autres paramètres de conception figurent en annexes.

opérationnelles.

La poursuite du mouvement de décentralisation conduit inévitablement, à un moment donné, à dépasser la borne décentralisée de l'organisation. La tension entre les deux forces du pôle cesse à nouveau d'être latente et redevient manifeste. Apparaissent alors un ou plusieurs des dysfonctionnements organisationnels suivants : désalignement stratégique ; lenteur des processus de décision voire enlisement décisionnel ; incompétence des entités opérationnelles et insécurité face aux poids des responsabilités ; anarchie et implosion organisationnelle ; incapacité à changer rapidement d'orientation stratégique.

On entame alors un nouveau mouvement de centralisation pour retrouver les avantages associés à une allocation centrale de l'autorité : rapidité de la prise de décision ; uniformisation des décisions ; faible coût de coordination de la prise de décision ; rapidité des changements de cap stratégique ; valorisation de l'expertise et des compétences des dirigeants.

La poursuite de ce mouvement de centralisation mène inévitablement, à un moment ou à un autre, au point de départ du cycle que nous venons de décrire. Pour éviter de subir trop longtemps les dysfonctionnements organisationnels liés à un poids excessif de la centralisation, un nouveau mouvement de décentralisation est alors amorcé. Etc.

La dynamique entre les forces centrale et locale, qui correspondent chacune à un mode particulier d'allocation de l'autorité au sein de l'organisation, est synthétisée dans la figure de la page suivante.

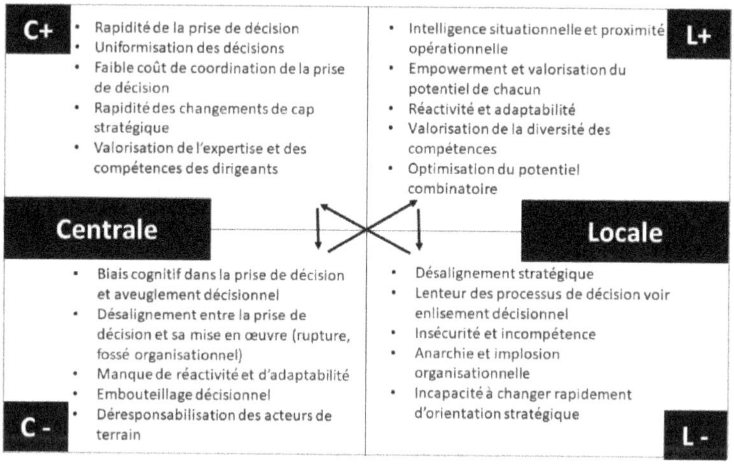

Figure N°41 :
Cartographie standard de la polarité Centrale/Locale

Elaborer un plan d'actions organisationnel

Pour chaque force ayant dépassé sa borne, c'est-à-dire l'état maximal déterminé par le modèle organisationnel de référence, il s'agit de diminuer son poids et/ou d'augmenter celui de la force opposée dans l'optique de retrouver un équilibre entre les deux forces du couple et, ainsi, de faire en sorte que la tension manifeste redevienne latente.

Designer son organisation de manière continue consiste à faire en sorte que la tension entre les forces de chaque couple soit latente la plupart du temps. Cela nécessite de pouvoir identifier le plus rapidement possible le moment où la tension devient manifeste pour mettre en place des actions permettant de retrouver un niveau d'équilibre suffisant.

C'est la raison pour laquelle le comité organisationnel doit se réunir régulièrement et, à chaque fois, se livrer à l'examen des paramètres de conception divergents par rapport au modèle organisationnel de référence.

Evolution versus transformation

Une évolution consiste à faire « plus et mieux de la même chose » là où une transformation, c'est-à-dire un changement de forme, vise à faire « autrement ». Les actions qui produisent des changements à l'intérieur d'un modèle organisationnel donné sont de l'ordre de l'évolution. Quand elles conduisent à un changement de modèle, elles relèvent plutôt de la transformation.

Comme précisé plus haut, si le modèle organisationnel de référence dépend d'abord et avant tout du degré de complexité du système à organiser, il doit aussi tenir compte de la culture de l'autorité dans l'entreprise. Quand les deux facteurs de contingence ne concordent pas, c'est le degré de complexité qui prime, mais le décalage avec la culture de l'autorité indique que l'adoption d'un tel modèle résultera plus d'une transformation que d'une simple évolution.

Dans un tel cas de figure, il y aura a priori plusieurs paramètres de conception divergents et, parmi eux, nécessairement le paramètre « Allocation de l'autorité ». Ce sont par les actions concernant ce dernier qu'il conviendra alors de commencer pour initier la dynamique d'une « transformation silencieuse[21] » (François Jullien, 2010). Les actions concernant les autres paramètres de conception divergents, mises en œuvre par la suite, bénéficieront alors du mouvement d'entraînement créé et déboucheront, chemin faisant, sur une transformation couronnant, non pas juste des changements à l'intérieur d'un modèle organisationnel donné, mais bien un changement de modèle.

Mettre en place un comité de design organisationnel au niveau de l'entreprise qui coordonne le réseau des comités au niveau des micro-organisations

Le comité de design organisationnel présenté au début de ce chapitre est à mettre en place au niveau de chaque micro-organisation identifiée au moment de la segmentation organisationnelle. Au sein d'une entreprise de taille significative, le dispositif de design organisationnel est alors composé d'un nombre conséquent de comités qui ont besoin d'être coordonnés.

Il convient alors de mettre en place un comité global qui, en plus

[21] François Jullien (2010) qualifie de transformations silencieuses les modifications qui se produisent devant nous si continûment que l'on ne les perçoit pas mais dont on constate soudain le résultat (grandir, vieillir… mais également le réchauffement climatique).

de gérer les polarités de la micro-organisation que constitue le premier niveau d'agrégation de l'entreprise, coordonne l'action des comités de chacune des micro-organisations des niveaux inférieurs.

CHAPITRE 12

L'exemple d'une entreprise de télécommunications

Ce dernier chapitre illustre de manière détaillée un dispositif de design organisationnel refondé. Il s'agit de la démarche mise en place par l'entreprise de télécommunications ETEL déjà évoquée au chapitre 3 consacré aux modes de regroupement des activités.

ETEL en quelques mots

ETEL conçoit, développe, fabrique et vend des systèmes de télécommunications autour de deux grandes technologies : la transmission de données par câble d'un côté, la transmission de données sans fil de l'autre. L'entreprise compte 3 000 salariés environ répartis sur plusieurs sites : un siège situé en région parisienne, quatre usines de production (Lille, Rouen, Lyon et Nantes) et des agences commerciales localisées un peu partout en France et à l'international.

ETEL est organisée en 8 grandes directions :

- Deux *Business Units* qui regroupent les activités de R&D (Recherche & Développement) et de marketing, l'une autour de la transmission de données par câble, l'autre autour de la transmission de données sans fil ;
- Une direction industrielle qui est composée des quatre usines ;
- Une direction commerciale qui réunit les agences commerciales au sein de deux grandes zones géographiques, la France et l'international ;
- Un *staff* composé de quatre directions support (direction des

Systèmes d'Information, direction des Ressources Humaines, direction Administrative et Financière et direction Qualité & Logistique).

Le comité de direction comprend le Directeur Général et l'ensemble de ses n-1, les directeurs de chacune des 8 directions.

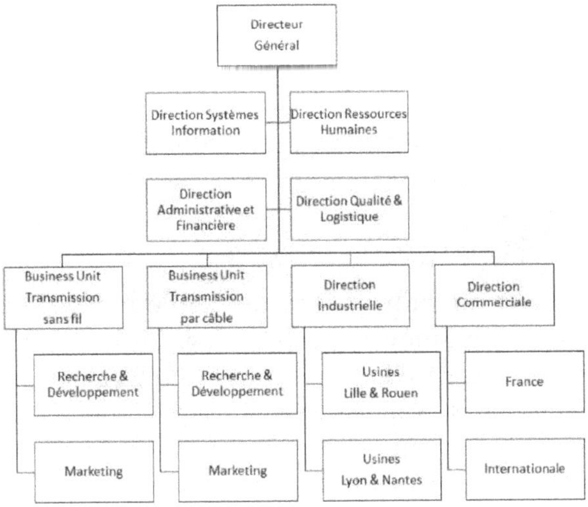

Figure 42 :
L'organigramme de l'entreprise de télécommunications ETEL

Les clients historiques d'ETEL sont les opérateurs de télécommunications. Mais elle développe de plus en plus son activité sur le marché des entreprises, privées et publiques, qui souhaitent posséder leur propre système de télécommunications. Ce second marché est beaucoup plus fragmenté, dynamique et turbulent que le premier.

La culture d'ETEL est jugée, par une partie du comité de direction, comme l'un des principaux freins au développement de l'entreprise dans ce nouvel environnement. L'entreprise, beaucoup plus lente que ses principaux concurrents, a toujours un « coup de retard ». Plutôt que d'engager une nième réorganisation, le Directeur Général, convaincu de la nécessité de mettre l'organisation d'ETEL en mouvement pour assurer la pérennité de l'entreprise, décide de refondre sa démarche de design organisationnel. Il constitue un comité d'organisation. Celui-ci est piloté par le responsable du développement des organisations rattaché au directeur des Ressources Humaines et composé d'un représentant de chacune des grandes directions de l'entreprise sur proposition des membres du comité de direction. Ce comité, qui n'est pas une instance de décision, a pour vocation de présenter des analyses et des recommandations en matière d'organisation au comité de direction.

Les premiers travaux du comité d'organisation

Le comité d'organisation commence par reconstituer le profil organisationnel de l'entreprise. Sur chacun des cinq paramètres de conception, il s'agit d'identifier, parmi les quatre possibles, l'état auquel correspond l'organisation de l'entreprise à son niveau le plus global.

En matière d'allocation de l'autorité, les membres du comité échangent beaucoup et éprouvent des difficultés à se mettre d'accord. Le comité est divisé. Les premiers plaident pour un niveau de décentralisation substantiel, mettant en avant la forte autonomie de certaines directions qui prennent des décisions opérationnelles mais également tactiques. Les seconds, au contraire, arguent d'un fort niveau de centralisation, étayant leurs propos d'exemples de décisions très opérationnelles qui remontent jusqu'au comité de direction. Finalement, une forme de consensus se dégage pour qualifier l'allocation de l'autorité de « Plutôt centrale ».

Le mode de regroupement des activités est factuel et, ainsi, ne provoque pas de longs débats entre les membres du comité. L'organisation est hybride (les deux *Business Units* relèvent d'un mode de regroupement divisionnel ; les autres directions relèvent, elles, d'un mode de regroupement fonctionnel) et le tout, l'entreprise, est divisionnel. Au total, en matière de mode de regroupement des activités, l'organisation est donc « Plutôt divisionnelle ».

Les débats reprennent de manière intense avec le paramètre de conception suivant, l'orientation de l'action. Tous les membres du comité s'accordent sur le fait qu'il y a un véritable partage de l'autorité entre d'une part, les directions opérationnelles (les deux *BU*, la direction industrielle et la direction commerciale) et, d'autre part, les directions support (DAF, DRH, DSI et DQL). Les premières jouissent de l'autorité hiérarchique et les secondes de l'autorité fonctionnelle. A ce niveau-là, le fonctionnement de l'organisation est véritablement matriciel et l'orientation de l'action est unanimement qualifiée de « Plutôt horizontale ». En revanche, il n'existe ni rôle ni fonction transverse entre les directions opérationnelles et, notamment, entre les deux *BU* et les deux directions opérationnelles fonctionnelles (la direction industrielle et la direction commerciale). De toute évidence, les rares comités et rituels en place ne permettent pas de répondre à un besoin de coordination conséquent. L'orientation de l'action est qualifiée de « Verticale » et tout le monde s'accorde sur le fait que ce déficit de coordination explique les dysfonctionnements organisationnels vécus par chacun au quotidien. Au total, compte tenu de cette disparité, pour ce troisième paramètre de conception, les membres du comité d'organisation se mettent d'accord pour retenir l'état « Plutôt verticale ».

En matière de performance, les BU sont des centres de profit grâce à un dispositif sophistiqué de comptabilité analytique qui permet de leur affecter d'une part, les coûts de fabrication de leurs produits et, d'autre part, le chiffre d'affaires réalisé à partir de leurs produits par les commerciaux. La direction industrielle est un centre de coûts. En matière de performance, son enjeu principal consiste à réaliser des économies d'échelle et des mutualisations de moyens entre la fabrication des produits des deux *BU* de manière à obtenir des coûts de revient inférieurs à ceux qu'ils seraient si chaque *BU* possédait sa propre usine. Enfin, la direction commerciale est un centre de ressources. Dans la même logique que celle de la direction industrielle, son enjeu en matière de performance est, au-delà de la vente de produits, de vendre des systèmes de télécommunications composés de produits des deux *BU*, de manière à proposer aux clients une offre qu'aucune des deux *BU* ne pourrait élaborer seule.

Face à une telle « balkanisation » de la performance, le Directeur Général investit beaucoup de temps et d'énergie pour faire exister et vivre une véritable équipe de direction, notamment à travers la mise en place de nombreux rituels collectifs (*stand up meetings* quotidiennes, réunions de comité de direction bimensuelles, séminaires trimestriels de réflexion stratégique...). Mais surtout, les objectifs collectifs ou partagés, portés par les membres du comité de direction, prennent largement le pas sur les objectifs individuels. Non seulement les premiers sont beaucoup plus nombreux que les seconds mais, en plus, leur poids est bien plus conséquent dans le calcul des bonus. Bref, la responsabilité de la performance, largement collective, permet de dépasser la tendance naturelle au fonctionnement en silos renforcée par une allocation de l'autorité trop centrale et une orientation de l'action insuffisamment horizontale. Concernant la responsabilité de la performance, l'état retenu par les membres du comité d'organisation est ainsi « Plutôt collective ».

Enfin, tout le monde s'accorde facilement et rapidement sur le fait que la régulation des comportements est « Plutôt formelle ». La stratégie, claire et partagée, est déclinée en objectifs cascadés le long de la ligne hiérarchique. Les processus métiers sont formalisés et pilotés dans le cadre d'une démarche qualité d'amélioration continue. Les KPI (*Key Performance Indicators*), jugés parfois un peu nombreux, alimentent des tableaux de bord connus et utilisés par tous.

Le profil organisationnel d'ETEL est donc le suivant : « Plutôt centrale », « Plutôt divisionnelle », « Plutôt verticale », « Plutôt collective » et « Plutôt formelle ».

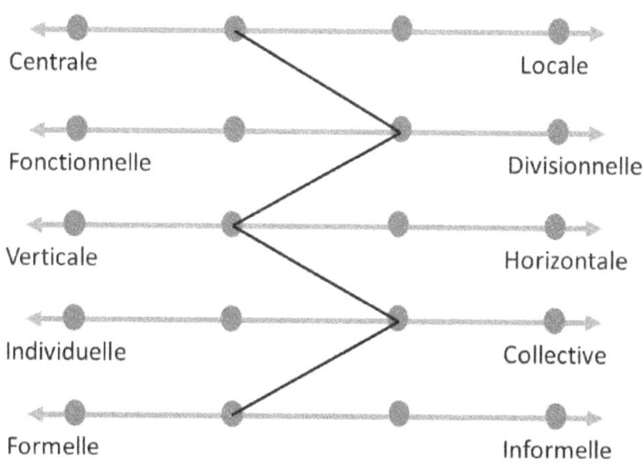

Figure 43 :
Le profil organisationnel d'ETEL

Une fois le profil organisationnel reconstitué, les membres du comité d'organisation se lancent dans la caractérisation des facteurs de contingence en commençant par le premier, le degré de complexité du système auquel doit répondre l'organisation d'ETEL. En utilisant le tableau ci-dessous, ils cotent chacun des six critères à partir d'une échelle à trois positions : « Faible » ; « Moyen » ; « Important ».

Chaque critère est alors noté de 1 à 3 : 1 pour « Faible », 2 pour « Moyen » et 3 pour « Important ». La note totale obtenue varie ainsi de 6 à 18. Une note entre 6 et 8 correspond à un faible niveau de complexité, entre 9 et 12 à un niveau de complexité moyen, entre 13 et 15 à un niveau de complexité fort et à un très fort niveau de complexité entre 16 et 18.

ETEL obtient une note globale de 13 qui correspond à un fort degré de complexité. Son modèle organisationnel de référence devrait ainsi être l'organisation duale.

	Faible	Moyen	Important
Nombre d'entités		X	
Degré de différenciation des entités			X
Nombre et fréquence des interactions		X	
Nombre de combinaisons et fréquence des changements	X		
Degré de prévisibilité des interactions et changements*		X	
Type d'interdépendance**			X

* : L'échelle est ici inversée
** : Faible = Interdépendance de ressources ; Moyen = Interdépendance séquentielle
Fort = Interdépendance réciproque

Figure 44 :
Evaluation du degré de complexité du système ETEL

Les membres du comité d'organisation s'attaquent ensuite au second facteur de contingence, la culture de l'autorité d'ETEL. Pour cela, ils sélectionnent l'une des cinq réponses possibles (a, b, c, d ou e) aux cinq questions suivantes[22].

Au sein d'ETEL, ce qui avant toute chose donne de la légitimité aux managers, c'est :

a) Leur charisme et leurs qualités personnelles
b) Les gallons liés à leur statut
c) **Leur fiabilité, c'est-à-dire le fait que l'on peut compter sur eux (ils disent ce qu'ils font et font ce qu'ils disent)**
d) Leur capacité à travailler en transversalité et à parité sans avoir nécessairement besoin d'autorité hiérarchique
e) Leur aptitude à se mettre au service de leur équipe (ils sont

[22] Les réponses du comité d'organisation aux cinq questions figurent en gras.

une ressource pour leurs collaborateurs plus que ces derniers sont des ressources à mobiliser)

Au sein d'ETEL, l'évaluation porte avant toute chose sur :

a) L'engagement et l'investissement personnel
b) Le respect des règles et le travail dans les règles de l'art
c) Le respect des engagements pris et acceptés
d) Les contributions transverses
e) Le travail en équipe

Pour réussir au sein d'ETEL, il faut avant toute chose :

a) Adhérer aux valeurs de l'entreprise
b) Etre un bon élève obéissant
c) Etre quelqu'un de confiance sur lequel on peut compter
d) Savoir gérer des conflits et dépasser les tensions
e) Etre innovant et sortir du cadre

Au sein d'ETEL, on attache surtout de l'importance :

a) A la personnalité
b) Aux grades et aux statuts
c) Aux résultats obtenus
d) A la diplomatie et à la capacité à faire des compromis
e) A l'esprit d'équipe et à la solidarité

Au sein d'ETEL, le management c'est avant tout :

a) Une question de leadership
b) Une histoire de chef
c) Un problème de délégation, c'est-à-dire un problème de confiance et de contrôle (la confiance n'exclut pas le contrôle)
d) Autant du fonctionnel que du hiérarchique
e) L'affaire de tous (une histoire de pairs et non plus de père)

A chaque type de culture de l'autorité correspond une lettre (« a » pour la culture du « grand Homme », « b » pour celle de la soumission, « c » pour celle de la loyauté, « d » pour celle de la confrontation et « e » pour celle de l'anarchie). Compte tenu des réponses des membres du comité d'organisation (en gras), ETEL obtient 4 « c » et 1 « d ». Sa culture de l'autorité correspond donc à la culture de la loyauté favorable au modèle pyramidal.

De l'avis de l'ensemble des membres du comité d'organisation, historiquement et culturellement, ETEL est bien ancrée dans le modèle pyramidal. Cependant, le fort degré de complexité auquel son organisation doit pouvoir répondre nécessite de déployer plutôt le modèle dual. Le comité d'organisation s'entend ainsi pour retenir l'organisation duale comme modèle organisationnel de référence. Il procède alors à la comparaison des profils de l'organisation actuelle et du modèle organisationnel de référence.

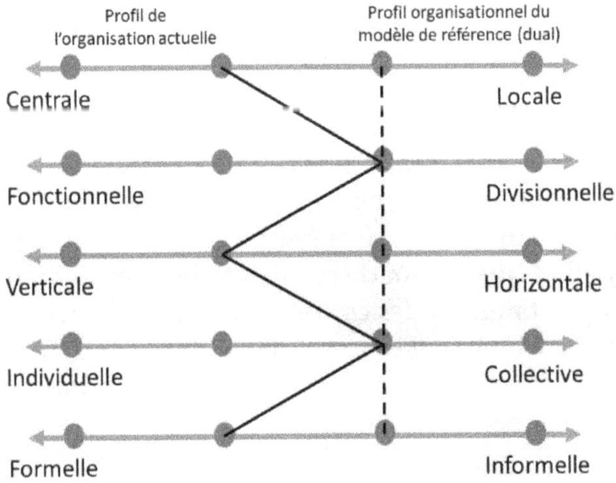

Figure 45 :
Comparaison des profils organisationnels d'ETEL

Deux des cinq paramètres de conception sont convergents : le mode de regroupement des activités et la responsabilité de la performance. Les trois autres présentent des écarts. Les deux jugés les plus préoccupants par les membres du comité d'organisation sont l'allocation de l'autorité, qui est trop centralisée par rapport à ce qu'elle devrait être, et l'orientation de l'action qui, elle, est trop verticale, notamment entre les deux *Business Units* et les deux directions opérationnelles fonctionnelles, la direction industrielle et la direction commerciale.

Une lecture systémique permet de comprendre que les deux sujets sont liés. Le manque d'autorité fonctionnelle des personnes en charge de l'animation transverse bloque la prise de décision dans les nombreux comités mis en place pour assurer la coordination entre les *BU* et les directions industrielle et commerciale. Du coup, pour être tranchés, nombre de sujets très opérationnels nécessitent une « escalade » et remontent jusqu'au comité de direction. Cela explique en grande partie pourquoi ETEL est trop centralisée.

Le responsable du développement des organisations, pilote du comité d'organisation, restitue ces premiers travaux au comité de direction. Ce dernier valide les deux principaux sujets d'organisation à travailler : la décentralisation du pouvoir de décision et le développement de la transversalité au sein de l'entreprise. Les deux sujets concernant au premier chef les directions opérationnelles, le comité de direction décide de mettre en place un comité d'organisation au sein de chacune de ces quatre directions.

La direction industrielle au cœur de la matrice

Seul le travail réalisé au niveau de la direction industrielle est ici restitué. Pourquoi cette direction et pas l'une des trois autres directions opérationnelles ? Parce qu'elle est au cœur des difficultés qu'ETEL rencontre à déployer un mode de fonctionnement véritablement matriciel pour que son organisation devienne duale et ne soit plus seulement pyramidale.

Par souci pédagogique, l'organigramme de la direction industrielle d'ETEL a, jusqu'à présent, été simplifié. Quatre grandes fonctions viennent en appui aux quatre usines : investissements, méthodes & process, excellence opérationnelle et projets. Elles sont relativement peu dotées en effectif et dégagées de toute responsabilité opérationnelle (voir l'organigramme de la direction industrielle page suivante). Dans les usines, rattachées au directeur, on trouve des unités de production centrées sur une ligne de produit et des fonctions support de maintenance, méthodes, approvisionnement, logistique, qualité, HSE (Hygiène Sécurité Environnement), contrôle de gestion et RH (Ressources Humaines).

En termes d'allocation de l'autorité, les directeurs de site prennent en toute autonomie l'ensemble des décisions opérationnelles, rares sont celles qui remontent au niveau du directeur industriel. En revanche, les décisions stratégiques et tactiques leur échappent complètement. Ils sont bien consultés sur la conception du schéma industriel, l'élaboration du plan industriel et commercial annuel mais très peu impliqués dans la prise des décisions tactiques comme le *make or buy* ou l'allocation de telle ou telle ligne de produits sur tel ou tel site, décisions qu'ils subissent et que, comme le dit l'un d'entre eux, « ils apprennent dans le journal ». Selon le directeur industriel, cela tient en grande partie au fait que ces décisions nécessitent la participation de fonctions qui, pour un certain nombre, ne sont pas logées au sein de sa direction : la logistique, le marketing, l'animation des ventes… L'allocation de l'autorité est ainsi « Plutôt centrale ».

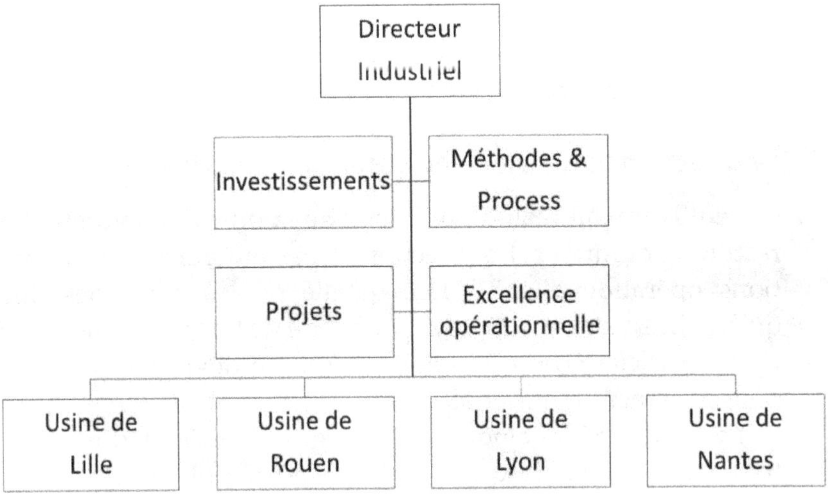

Figure 46 :
Organigramme de la direction industrielle d'ETEL

Comme souvent, le regroupement des activités ne prête pas à confusion. Les usines sont dans une logique divisionnelle géographique et le *staff* dans une logique fonctionnelle. Cela rend l'organisation hybride. Le tout, la direction industrielle, étant fonctionnel, au total, en matière de mode de regroupement des activités, l'organisation est « Plutôt fonctionnelle ».

La direction industrielle est au cœur de relations d'interdépendance qui dépassent de loin son seul périmètre. Cela explique pourquoi elle convie des représentants d'autres directions dans ses comités (l'un est hebdomadaire, l'autre est mensuel) et qu'elle est amenée à participer aux comités des autres directions, notamment des *Business Unit*. Ce fonctionnement est lourd et très consommateur en temps. Par ailleurs, certaines fonctions support au sein de la direction industrielle, en particulier l'excellence opérationnelle et les méthodes, comme certaines autres en dehors, la qualité et la logistique en particulier, éprouvent beaucoup de difficulté à s'imposer auprès des directeurs de site. Leur autorité n'est pas reconnue et leur légitimité discutée. On peut noter un certain paradoxe : les directeurs de site se font imposer nombre de décisions tactiques auxquelles participent directement ou indirectement les fonctions support mais ne les laissent pas pénétrer leur « terrain de jeu » et, du coup, ne profitent pas de leur soutien. Tout cela rend l'orientation de l'action « Plutôt verticale ».

La performance industrielle de court terme est très largement cascadée sur les directeurs de site par le directeur industriel. En revanche, la performance de moyen et long terme, à laquelle les fonctions support pourraient être partie prenante, est très peu prise en compte. Du coup, les sites ne progressent pas ou peu et, selon l'aveu du directeur industriel lui-même, il est très difficile de mesurer la contribution des fonctions support. Au total, la responsabilité de la performance est « Plutôt individuelle ».

Enfin, la régulation des comportements est « Plutôt formelle ». Les processus sont formalisés, les standards sont définis mais le fonctionnement des sites dépend étroitement de la personnalité et des convictions managériales de leur directeur. Pour reprendre l'expression consacrée au sein de la direction industrielle, le fonctionnement des usines est « directeur dépendant ». La part d'informel est donc importante. Ancienneté et discernement sont indispensables pour savoir interpréter ce qui n'est pas écrit mais qu'il ne faut jamais perdre de vue sous peine d'être disqualifié.

L'examen des six critères permet de qualifier de fort (la note obtenue est de 14) le degré de complexité auquel l'organisation de la direction industrielle doit pouvoir répondre. Le modèle organisationnel de référence est ainsi l'organisation duale (voir la comparaison des deux profils organisationnels page suivante).

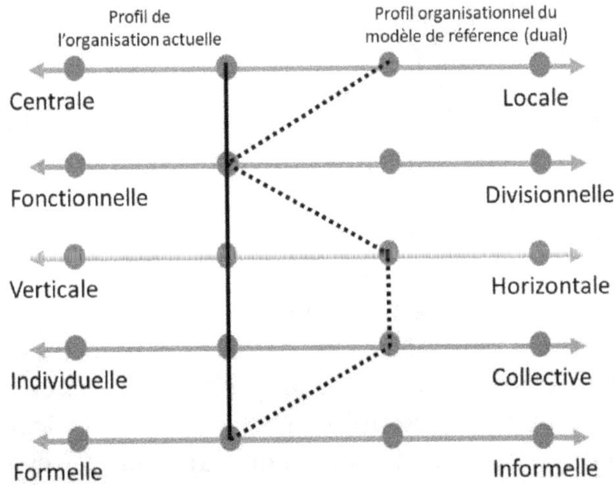

Figure 47 :
Les profils organisationnels de la direction industrielle

L'amorce d'une dynamique

Les trois paramètres de conception divergents sont l'allocation de l'autorité, l'orientation de l'action et la responsabilité de la performance. Le comité d'organisation propose alors de lancer trois actions significatives. La première consiste à revisiter un certain nombre de comités transverses et, en particulier, d'y inclure les directeurs de site, et plus seulement le directeur industriel ou son *staff,* de manière à les impliquer dans la plupart des décisions tactiques et, ce faisant, de décentraliser l'organisation de la direction industrielle. La deuxième vise à définir les règles du jeu de la coopération horizontale en réalisant les *RACI*[23] d'un certain nombre de processus de décision transverses de manière à doter les fonctions support d'une autorité légitime. Enfin, la troisième consiste à préciser des *KPIs* permettant de mesurer la performance industrielle, pas seulement sur le court terme mais aussi sur le moyen et long terme, et à préciser la contribution des fonctions support à la performance collective.

Le comité comprend l'intérêt de ne pas aborder les écarts entre le profil de l'organisation actuelle et celui du modèle de référence

---

[23] Le RACI est un outil très pratique pour formaliser le partage des responsabilités et de l'autorité au sein des processus de décisions transverses. C'est un acronyme anglo-saxon qui signifie *Responsible, Accountable, Consulted* et *Informed.*

comme des problèmes à résoudre mais comme des polarités à gérer. Il se lance alors dans l'élaboration des cartographies du *Polarity Management*. Ci-dessous figure celle relative à l'allocation de l'autorité.

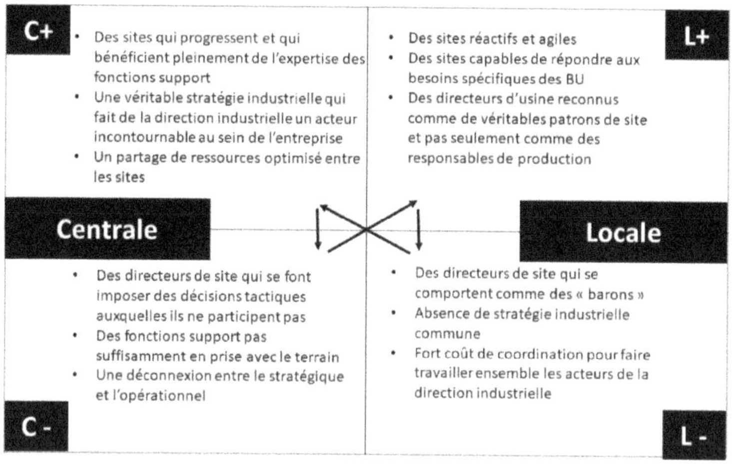

Figure 48 :
Cartographie de la polarité Centrale / Locale

Une fois les cartographies réalisées, le comité décide de ne surtout pas se dissoudre et se donne rendez-vous tous les semestres pour remettre « l'ouvrage sur le métier ». Six mois après le lancement des plans d'actions, le comité note une nette amélioration au sein de la direction industrielle mais également dans les interactions avec les *BU* et la direction commerciale. Au bout d'une année, certains signes font cependant penser au comité que les directeurs de site commencent à se comporter comme des « barons ». Il propose alors d'affecter à chacun d'eux une responsabilité transverse au niveau de la direction industrielle pour vite retrouver l'équilibre entre le central (les fonctions support) et le local (les sites) en train de se dégrader.

La pratique du comité de la direction industrielle, dont la valeur ajoutée est perçue par tous, fait école au sein d'ETEL. Progressivement plusieurs comités se mettent en place et se réunissent à échéance régulière. Le design organisationnel devient ainsi progressivement une capacité mobilisée de manière permanente et continue, et non plus une succession d'opérations ponctuelles.

Synthèse de la seconde partie

Un modèle organisationnel est une organisation générique dont les cinq paramètres de conception sont en équilibre et en harmonie. Cette notion est fondamentale pour le design organisationnel dans un contexte de changement permanent dans la mesure où elle permet de réaliser le diagnostic d'une organisation sans se référer explicitement à la vision stratégique qu'elle a vocation à déployer.

On distingue cinq grands modèles organisationnels au premier chef en fonction de la manière dont l'autorité est allouée :

- L'organisation personnalisée ;
- L'organisation bureaucratique ;
- L'organisation pyramidale ;
- L'organisation duale ;
- L'organisation cellulaire.

Chaque modèle organisationnel est plus ou moins adapté à un contexte d'action. Ce dernier est appréhendé à partir de deux facteurs de contingence : le degré de complexité du système à organiser d'une part, la culture de l'autorité dans l'entreprise d'autre part.

Quand la périodicité des changements est plus courte que leur durée de mise en œuvre, le design organisationnel doit moins résoudre des problèmes que gérer la polarité des couples de forces en tension que constituent chacun des cinq paramètres de conception.

En tirant partie des enseignements du Yin-Yang, on peut considérer que : (1) sur chacun des cinq paramètres de conception, l'organisation est toujours en mouvement d'une force vers l'autre ; (2) quand elle atteint le maximum d'une force, elle doit pouvoir amorcer un mouvement en sens inverse ; (3) le maximum des forces varie au fil du temps en fonction de l'évolution des caractéristiques du contexte d'action de l'organisation.

Pour faire face au changement permanent, le design organisationnel doit opérer une double mutation : (1) devenir une capacité d'action ancrée dans les pratiques internes et plus seulement une boîte à outils utilisée par des consultants externes ; (2) être déployé de façon continue et plus uniquement de manière ponctuelle au moment des réorganisations.

L'organisation ne peut plus être appréhendée de manière globale et uniforme. Le déploiement d'un dispositif de design organisationnel refondé nécessite ainsi de commencer par segmenter les activités de l'entreprise pour déterminer les périmètres et le contour des différentes micro-organisations. Au sein de chacune d'elles, il convient ensuite de : (1) reconstituer leur profil organisationnel ; (2) caractériser leur contexte d'action à partir des deux facteurs de contingence ; (3) identifier leur modèle organisationnel de référence ; (4) préciser les paramètres de conception convergents et divergents ; (5) gérer leur polarité de manière permanente et continue.

CONCLUSION
Une question d'agilité

Les développements informatiques ont longtemps été réalisés en suivant une méthode classique de gestion de projet. Il s'agissait de recueillir le besoin d'un client, de le traduire dans un cahier des charges fonctionnel, d'élaborer un cahier des charges technique, puis de développer l'application, de la tester et, enfin, de la livrer au client. Cette méthode a été très populaire jusqu'au jour où la plupart des clients exprimaient davantage d'insatisfaction que de satisfaction au moment de la livraison. Pourquoi ? Le plus souvent les développeurs avaient bien travaillé mais le besoin du client avait changé en cours de route.

Développeurs informatiques et designers organisationnels : même combat

Les développeurs informatiques ont alors changé d'approche. Ils ont adopté des méthodes dites agiles : itératives, incrémentales et adaptatives. Il s'agit de faire entrer le client dans la boucle de développement, de produire des incréments (des livrables intermédiaires, mais tangibles et exploitables), de lui soumettre, d'intégrer son feedback en acceptant qu'il change d'avis en cours de route et, par itérations successives, de lui livrer des productions de valeur ajoutée croissante.

Les designers organisationnels sont aujourd'hui confrontés à la même problématique que celle des développeurs informatiques à l'époque. Quand la périodicité des changements est plus courte que la durée de leur mise en œuvre, ils n'ont pas terminé de déployer une nouvelle organisation qu'il faut déjà imaginer la suivante. Une question vient alors à l'esprit : « La notion d'agilité est-elle aussi pertinente pour le design organisationnel qu'elle l'est pour le développement informatique ? »

L'agilité organisationnelle : une capacité plus qu'un attribut

Le terme agilité est issu du combat aérien. Il désigne à l'origine la capacité à changer de manœuvre dans le temps. A ma connaissance, il est utilisé pour la première fois par le monde des affaires dans un rapport consacré à la stratégie des entreprises industrielles du XXIème siècle rédigé à la demande du congrès américain au début des années 1990 (Goldman, Preiss, Nagel et Dove, 1991). En 2001, dix-sept spécialistes du développement informatique se réunissent aux États-Unis pour échanger autour de leurs méthodes respectives. En guise de synthèse, ils rédigent un manifeste devenu célèbre : *Manifesto for Agile Software Development*.

Depuis, la notion d'agilité a largement dépassé les frontières du monde informatique. Elle est aujourd'hui à la mode en management de manière générale, et en organisation en particulier. L'agilité organisationnelle évoque la nécessité de faire face à des changements fréquents et peu prévisibles, par la mise en œuvre d'ajustements rapides et efficaces, sans tout chambouler à chaque fois. La question qui divise est la suivante : « L'agilité doit-elle être appréhendée comme l'un des attributs d'une organisation ou bien comme une capacité que toutes les organisations peuvent développer ? » Dit autrement : « Y-a-t-il d'un côté les organisations agiles et de l'autre celles qui ne le sont pas ? » Ou bien : « L'agilité est-elle une capacité que toute organisation possède à l'état latent et qu'elle peut développer ? »

Les travaux en quête d'une organisation agile sont les plus nombreux. Ils datent du milieu des années 1980 et proposent tous des modèles organisationnels peu ou prou centrés sur la compétence, l'autonomie et la culture.

Par exemple, même s'ils n'utilisent pas explicitement le terme agilité, Tom Peters et Robert Waterman (1982) font de la culture d'entreprise le cœur de l'organisation en positionnant les valeurs partagées (*Shared Values*) au centre du modèle dit des « 7S » (les six autres « S » sont *Strategy*, *Structure*, *Systems*, *Style*, *Staff* et *Skills*). Une forte culture d'entreprise, prétendent-ils, permet de simplifier les structures, de décentraliser les processus de décision et d'accroître l'autonomie des entités les plus proches du terrain. Dans la même veine, Michel Crozier (1989) considère que le management post-industriel s'organise autour de trois principes : la simplicité, l'autonomie et le gouvernement par la culture.

Des modèles plus récents comme celui de l'entreprise libérée, l'Holacratie ou encore la *Teal Organization*, empruntent la même voie. Ils font tous de l'autonomie l'une des principales caractéristiques d'une organisation agile.

D'autres travaux abordent au contraire l'agilité organisationnelle comme une capacité. Les plus probants sont ceux de Chris Worley (2014) et ses collègues du *Center for Effective Organizations*. Ils appréhendent l'agilité comme la capacité d'une organisation à produire des changements opportuns, efficients et pérennes. Toutes les formes d'organisation, y compris les bureaucraties (Worley et Beaujolin, 2019), peuvent développer cette capacité.

Le débat mérite d'exister. En revanche, si on adopte une vision des organisations dynamique et processuelle telle celle exposée au chapitre 9, il est vite tranché[24]. En effet, si toute organisation est par essence même en mouvement alors l'agilité ne peut être appréhendée autrement que comme une capacité. Non, il n'y a pas d'un côté les organisations agiles et de l'autre celles qui ne le sont pas. L'agilité organisationnelle, c'est la capacité de favoriser le mouvement présent par essence même dans toute forme d'organisation, y compris les plus bureaucratiques.

Développer l'agilité des organisations : la finalité première du design organisationnel face au changement permanent

Cet ouvrage a proposé une approche d'un design organisationnel refondé dans un contexte de changement permanent. Ancrée dans une vision du monde dynamique, elle vise à favoriser le mouvement

[24] Cela ne veut pas dire pour autant que les travaux qui font de l'agilité un attribut organisationnel ne sont pas dignes d'intérêt. Il faut cependant les appréhender avec un peu plus de recul que n'en ont parfois leurs auteurs dans la mesure où les modèles organisationnels proposés, comme tous les modèles organisationnels, n'ont rien d'universel. Ils sont simplement adaptés à certains contextes d'action et pas à d'autres. N'oublions jamais le principe de la contingence qui a tant fait progresser la théorie des organisations et le design organisationnel.

présent naturellement dans toute organisation. En conséquence, la finalité première de l'approche exposée dans les pages précédentes vise en fait à développer l'agilité d'une organisation quelle que soit sa nature[25].

Une organisation est par essence en mouvement parce que consubstantiellement en tension. La tension au cœur de toute organisation, source de son énergie et de sa vitalité, résulte de la conjonction de deux processus à la fois complémentaires et antagonistes : la division du travail et la coordination des efforts.

Les cinq paramètres de conception, qui permettent de structurer les deux processus organisationnels de base, sont eux-mêmes des couples de forces en tension à la fois antagonistes et complémentaires. Quand les deux forces de chacun des cinq couples sont en équilibre, leur dimension complémentaire l'emporte sur leur aspect antagoniste, la tension reste latente et favorise la circulation de l'énergie -et donc le mouvement- au sein de l'organisation. En revanche, quand les deux forces d'un des cinq couples sont en déséquilibre, leur dimension antagoniste prend le pas sur leur aspect complémentaire, la tension devient manifeste et bloque la circulation de l'énergie au sein de l'organisation. C'est à ce moment-là qu'apparaissent des dysfonctionnements organisationnels.

La finalité première du design organisationnel dans un contexte de changement permanent consiste à gérer le mieux possible la polarité de chacun des cinq paramètres de conception d'une organisation. Cela nécessite d'être capable d'une part, d'identifier le plus rapidement possible quand les deux forces d'un des paramètres de conception sont en déséquilibre et, d'autre part, de recréer les conditions d'un nouvel équilibre.

---

[25] Cela ne veut pas dire que, dans un contexte de changement permanent, la logique de l'alignement stratégique perd tout intérêt. Elle continue d'être pertinente pour évaluer, à un moment donné et dans des circonstances particulières, l'alignement d'une organisation à un projet stratégique par définition temporaire, voire éphémère. Mais l'alignement stratégique ne peut plus être l'unique et même la principale finalité du design organisationnel comme c'était le cas quand le changement organisationnel pouvait être appréhendé comme un moment en soit avec un début et une fin, c'est-à-dire quand la périodicité des changements était plus longue que leur durée de mise en œuvre. Alignement stratégique et agilité organisationnelle s'opposent et, en même temps, se complètent. Même si ma conception de l'agilité a quelque peu évolué, je ne renie rien de ce que j'ai écrit par ailleurs (Delavallée, 2016). Dans un contexte de changement permanent, c'est surtout la porte d'entrée qui change.

Au cœur de la notion d'agilité, il y a donc celle de polarité[26]. Développer l'agilité d'une organisation veut en fait dire gérer le plus finement possible la polarité de chacun de ses paramètres de conception.

Une lampe frontale

Dans un contexte de changement permanent, quand le design organisationnel continue à être appréhendé de manière traditionnelle seulement dans la logique de l'alignement stratégique, c'est-à-dire avec l'ambition de concevoir une organisation pour déployer une nouvelle vision stratégique au moment où un changement s'impose au regard des évolutions d'environnement, les salariés des entreprises se posent la question suivante à propos des secousses successives qu'ils subissent : « Quand verrons-nous le bout du tunnel ? » Dans le monde d'aujourd'hui, et encore plus dans celui de demain, la seule réponse honnête et sérieuse est : « Il n'y a pas et il n'y aura pas de bout du tunnel. »

A l'écoute de ces propos, un participant à l'un de mes séminaires a réagi de la manière suivante : « Il ne s'agit pas d'espérer en vain sortir du tunnel. C'est un leurre ! Il nous faut au contraire nous équiper de frontales pour éclairer l'intérieur du tunnel. » C'est bien d'une lampe frontale dont cet ouvrage a cherché à vous équiper.

---

[26] Cette idée rejoint celle de Marianne Lewis, Constantine Andriopoulos et Wendy Smith (2014) même si elles préfèrent parler de paradoxe plutôt que de polarité. Selon elles, cinq capacités sont fondamentales pour favoriser l'agilité : (1) reconnaître les paradoxes comme étant un des ingrédients vitaux de la performance ; (2) identifier et remédier aux tensions de manière proactive ; (3) éviter les pièges de l'anxiété et des comportements défensifs ; (4) communiquer constamment une vision « à la fois/et » ; (5) séparer les efforts de manière à se focaliser sur les deux dimensions d'un paradoxe.

Annexes

La polarité fonctionnelle/divisionnelle

Compte tenu de l'évolution des facteurs de contingence qui s'imposent à elle, quand l'organisation dépasse la borne qui correspond à son état maximal de regroupement fonctionnel de ses activités, la tension entre les forces fonctionnelle et divisionnelle n'est plus latente et devient manifeste. Un ou plusieurs des dysfonctionnements organisationnels suivants apparaissent alors : dispersion des responsabilités (tout le monde est responsable de tout et plus personne ne l'est de rien) ; manque de culture du résultat et processus business « cassés » ; manque de valorisation de certains segments (produits, marchés ou géographiques selon la segmentation retenue) noyés dans la masse ; trop forte spécialisation technique et morcellement du travail ; logiques d'expertise déconnectées des besoins du terrain.

On diminue alors le poids du mode de regroupement fonctionnel et on augmente celui du regroupement divisionnel pour retrouver pleinement les avantages de ce dernier : responsabilisation et autonomie ; culture et logique de résultats ; différenciation stratégique et sous-cultures business ; modularité organisationnelle qui facilite la séparation et l'acquisition d'entités ; polyvalence au niveau de l'organisation du travail.

La poursuite du mouvement de divisionnalisation conduit inévitablement, à un moment donné, à subir de nouveaux dysfonctionnements organisationnels liés à un poids excessif du mode divisionnel aux dépens du mode fonctionnel. La tension entre les deux forces n'est à nouveau plus latente et redevient manifeste. Un ou plusieurs des dysfonctionnements organisationnels suivants apparaissent alors : développement ou naissance de baronnies qui confondent autonomie et indépendance ; duplication des fonctions trop coûteuse ; économies d'échelle non exploitées et/ou moyens pas mutualisés ; synergies non exploitées (produits, clients, régions) ;

compétition interne et destruction de valeur.

On entame alors un nouveau mouvement de fonctionnalisation pour retrouver les avantages associés au mode de regroupement fonctionnel : économies d'échelle et effet d'expérience ; mutualisation de moyens ; spécialisation technique ; partage de connaissances ; politiques et pratiques communes.

La poursuite de ce mouvement de fonctionnalisation mène inévitablement, à un moment ou à un autre, au point de départ du cycle que nous venons de décrire. Pour éviter de subir trop longtemps les dysfonctionnements organisationnels liés à un poids excessif du regroupement fonctionnel, un nouveau mouvement de divisionnalisation est alors amorcé. Etc.

La dynamique entre les deux modes fonctionnel et divisionnel, qui correspondent chacun à un type particulier de regroupement des activités au sein des entités, est synthétisée dans la figure ci-dessous.

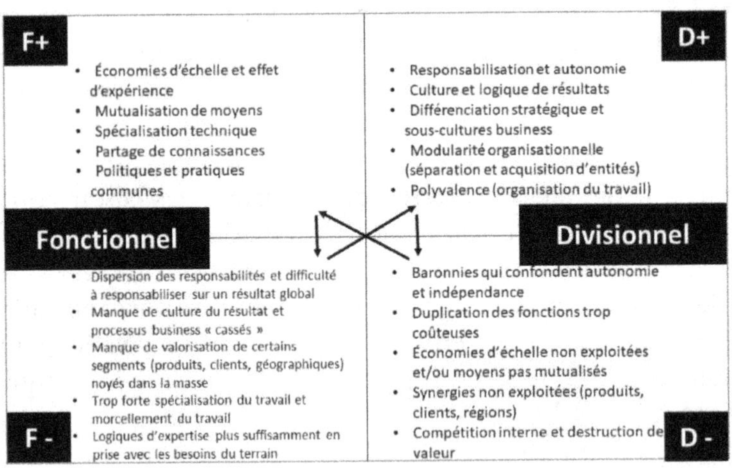

Figure N°49 :
La polarité Fonctionnelle/Divisionnelle

La polarité verticale/horizontale

Compte tenu de l'évolution des facteurs de contingence qui s'imposent à elle, quand l'organisation dépasse la borne qui correspond à son état maximal d'orientation verticale de l'action en son sein, la tension entre les forces verticale et horizontale n'est plus latente et devient manifeste. Apparaissent alors un ou plusieurs des dysfonctionnements organisationnels suivants : déficit de coopération entre les silos et/ou surcoûts liés à la diminution du besoin de coordination ; incapacité à porter plusieurs objectifs stratégiques simultanément ; guerres de territoires et querelles de clochers ; absence de culture organisationnelle commune ; manque de cohérence, d'unité et de but commun présentant un risque d'implosion organisationnelle.

On diminue alors le poids de la verticalité et on augmente celui de l'horizontalité pour retrouver pleinement les avantages de cette dernière : coopération transverse ; uniformisation du mode de fonctionnement des entités ; multi-dimensionnalité permettant de poursuivre plusieurs objectifs stratégiques simultanément ; reconfigurabilité propice à l'adaptabilité ; développement de la multi-appartenance.

La poursuite du mouvement d'horizontalisation conduit inévitablement, à un moment donné, à dépasser la borne horizontale de l'organisation. La tension entre les forces horizontale et verticale cesse à nouveau d'être latente et redevient manifeste. Un ou plusieurs des dysfonctionnements organisationnels suivants apparaissent alors : dilution de l'autorité et des responsabilités liée aux rattachements multiples (hiérarchique, fonctionnel…) ; complexité excessive produite par l'empilement de couches organisationnelles ; perte d'identité liée à la multi-appartenance ; uniformisation excessive ; désalignement entre le stratégique et l'opérationnel.

On entame alors un nouveau mouvement de verticalisation pour retrouver les avantages associés à la verticalité : alignement de l'opérationnel sur le stratégique ; différenciation organisationnelle (sous-cultures différentes et homogènes) ; identités spécifiques ; continuité et unicité hiérarchique ; simplicité et stabilité.

La poursuite de ce mouvement de verticalisation mène inévitablement, à un moment ou à un autre, au point de départ du cycle que nous venons de décrire. Pour éviter de subir trop longtemps les dysfonctionnements organisationnels liés à un poids excessif de la verticalité, un nouveau mouvement d'horizontalisation est alors amorcé. Etc.

La dynamique entre les deux forces verticale et horizontale, qui correspondent chacune à un mode particulier d'orientation de l'action au sein de l'organisation, est synthétisée dans la figure de la page suivante.

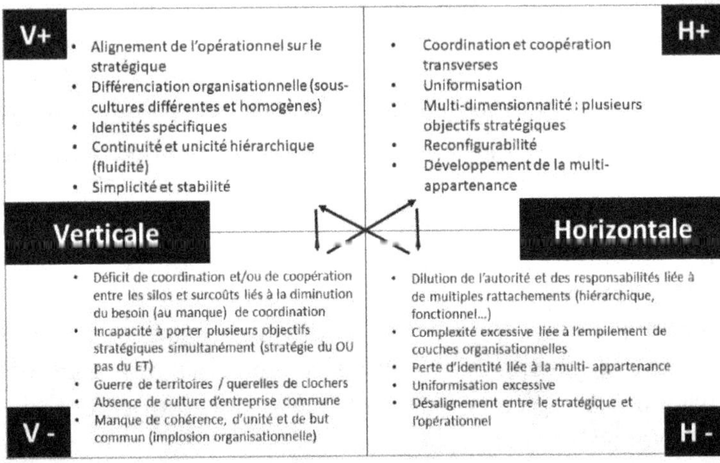

Figure N°50 :
La polarité Verticale/Horizontale

La polarité individuelle/collective

Compte tenu de l'évolution des facteurs de contingence qui s'imposent à elle, quand l'organisation dépasse la borne qui correspond à son état maximal de responsabilisation individuelle, la tension entre les forces individuelle et collective n'est plus latente et devient manifeste. Apparaissent alors un ou plusieurs des dysfonctionnements organisationnels suivants : individualisme, absence de solidarité et d'entre-aide (logique du chacun pour soi) ; compétition et confrontation contre-productive ; absence d'identification collective, de synergie et d'intelligence collective ; incapacité à relever des défis et des challenges collectifs ; chacun obtient de bons résultats isolément mais la performance globale n'est pas au rendez-vous.

On diminue alors le poids de l'individuel et on augmente celui du collectif pour retrouver pleinement les avantages de ce dernier : synergies organisationnelles ; intelligence collective ; solidarité, entreaide et émulation collective ; partage des responsabilités et égalité de traitement ; satisfaction des besoins sociaux des membres de l'organisation grâce au sentiment d'appartenance et à l'identification à un groupe.

La poursuite du mouvement collectif conduit inévitablement, à un moment donné, à dépasser la borne collective de l'organisation. La tension entre les forces collective et individuelle cesse à nouveau d'être latente et redevient manifeste. Un ou plusieurs des dysfonctionnements organisationnels suivants apparaissent alors : indifférenciation et dépersonnalisation ; démotivation individuelle, iniquité et injustice liées au manque de reconnaissance des différences interindividuelles ; paresse sociale et apparition de passagers clandestins ; diminution et perte des expertises individuelles ; nivellement par le bas et sous-optimisation du potentiel de chacun.

On entame alors un nouveau mouvement d'individualisation pour retrouver les avantages associés à la responsabilité individuelle : expertise et créativité individuelle ; valorisation des efforts et reconnaissance des résultats obtenus par chacun (équité) ; reconnaissance de la singularité ; optimisation des potentiels ; émulation compétitive.

La poursuite de ce mouvement d'individualisation mène inévitablement, à un moment ou à un autre, au point de départ du cycle que nous venons de décrire. Pour éviter de subir trop longtemps les dysfonctionnements organisationnels liés à un poids excessif de la responsabilité individuelle, un nouveau mouvement de responsabilisation collective est alors amorcé. Etc.

La dynamique entre les deux forces individuelle et collective, qui correspondent chacune à un mode particulier de responsabilisation de la performance au sein de l'organisation, est synthétisée dans la figure ci-dessous.

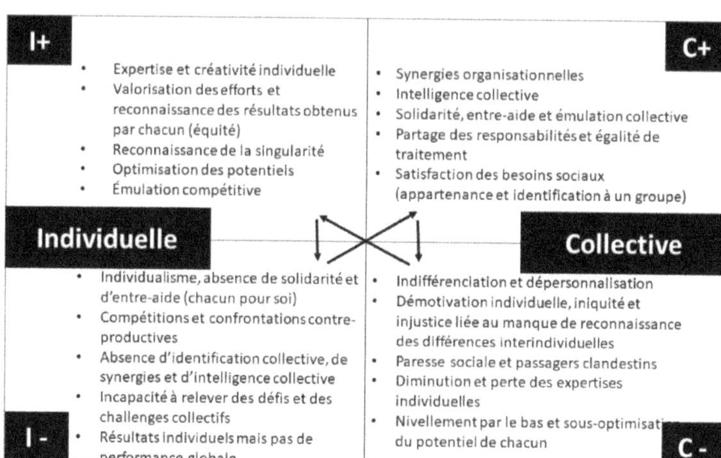

Figure N°51 :
La polarité Individuelle/Collective

La polarité formelle/informelle

Compte tenu de l'évolution des facteurs de contingence qui s'imposent à elle, quand l'organisation dépasse la borne qui correspond à son état maximal de formalisation, la tension entre les forces formelle et informelle n'est plus latente et devient manifeste. Apparaissent alors un ou plusieurs des dysfonctionnements organisationnels suivants : bureaucratie se traduisant par une lourdeur et une complication excessive ; dépersonnalisation ; passivité, sclérose, désengagement, étouffement, manque de respiration et de vitalité ; standardisation, rigidité et lenteur ; conformisme, conservatisme, incapacité à innover et à sortir des sentiers battus.

On diminue alors le poids du formel et on augmente celui de l'informel pour retrouver pleinement les avantages de ce dernier : prise d'initiative et spontanéité ; adaptabilité et réactivité permettant de faire face à l'incertitude et à l'imprévisibilité ; innovation et créativité ; personnalisation, humanisation, épanouissement et optimisation des potentiels ; coopération et ajustements mutuels sans l'intervention d'un tiers externe à la collaboration.

La poursuite de ce mouvement conduit inévitablement, à un moment donné, à dépasser la borne informelle de l'organisation. La tension entre les forces informelle et formelle cesse à nouveau d'être latente et redevient manifeste. Un ou plusieurs des dysfonctionnements organisationnels suivants apparaissent alors : manque de capitalisation et de mémoire organisationnelle ; organisation « personne dépendante », jeux politiques, contrôle de zones d'incertitude et monopole organisationnel ; anarchie, visions différentes et désordre organisationnel ; hétérogénéité, forte variabilité, instabilité et manque de repères ; sous qualité et manque de conformité.

On entame alors un nouveau mouvement de formalisation pour retrouver les avantages associés à la logique formelle : standardisation, reproductibilité et répétitivité favorisant la diminution des coûts ; conformité, normalisation et uniformité permettant d'obtenir des standards de qualité élevés ; contrôle, traçabilité, sécurité et adéquation des compétences ; partage et capitalisation des informations, économies d'attention et gains de temps ; coordination à travers la mise en place de rôles et d'instances transverses.

La poursuite de ce mouvement de formalisation mène inévitablement, à un moment ou à un autre, au point de départ du cycle que nous venons de décrire. Pour éviter de subir trop longtemps les dysfonctionnements organisationnels liés à un poids excessif du formel, un nouveau mouvement de régulation informelle est alors amorcé. Etc.

La dynamique entre les deux forces formelle et informelle, qui correspondent chacune à un mode particulier de régulation des comportements au sein de l'organisation, est synthétisée dans la figure ci-dessous.

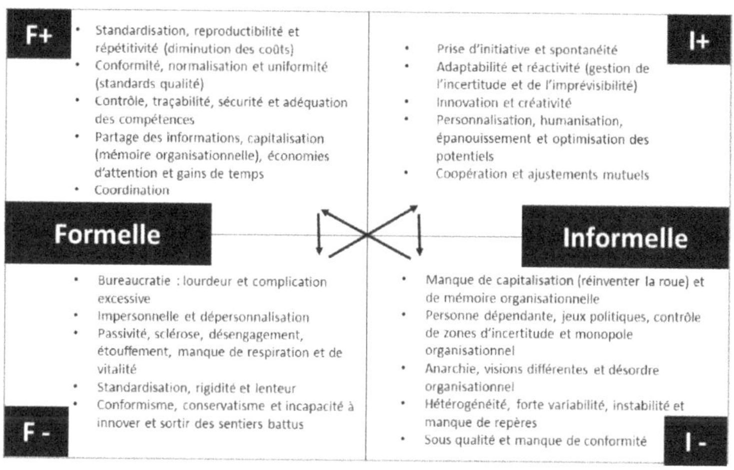

Figure N°52 :
La polarité Formelle/Informelle

Remerciements

Ce livre doit beaucoup de choses à de nombreuses personnes. Aux auteurs des ouvrages qui, depuis le début de ma thèse de doctorat, ont nourri ma pensée. A mes clients, mes collègues, mes collaborateurs et mes étudiants qui, directement ou indirectement, volontairement ou involontairement, ont alimenté mes réflexions.

Au-delà, certaines personnes ont apporté une contribution particulière à ce livre. Je tiens à les remercier personnellement.

Merci à Tanguy Ménager de m'avoir fait découvrir le *Polarity Management*.

Merci à Rachel Beaujolin, Patrick Gilbert et Nathalie Raulet-Crozet de leur lecture attentive et bienveillante d'une première version du manuscrit. Leurs remarques et leurs suggestions m'ont permis d'apporter des améliorations significatives tant sur la forme que sur le fond de cet ouvrage.

Enfin, merci à Céline Delavallée, mon épouse et la femme de ma vie, pour son long et minutieux travail de « rewriting » réalisé avec beaucoup de compétence et d'amour. Cela a considérablement amélioré la fluidité, l'accessibilité, la lisibilité et la structuration de cet ouvrage. Merci de ton écoute, de ton soutien, de tes questionnements, de tes éclairages et de tout le reste. C'est un immense bonheur de partager ta vie, de bâtir et de cheminer avec toi.

Bibliographie

Ansoff (I.) - Corporate Strategy, Pelican/Penguin, 1965

Argyris (C.) - Knowledge for Action. A Guide to Overcoming Barriers to Organizational Change, Jossey-Bass, 1993

Aubry (C.) - Scrum. Le guide pratique de la méthode agile la plus populaire, Dunod, 2015

Babinet (G.) - Transformation digitale : l'avènement des plateformes, Le Passeur Editeur, 2016

Bergson (H.) - L'évolution créatrice, Félix Alcan, Bibliothèque de philosophie contemporaine, 1907

Burns (T.) & Stalker (G.M.) - The Management of Innovation, Tavistock, 1961

Chandler (A.) - Strategy and Structure: Chapters in the History of the Industrial Enterprise, M.I.T. Press, 1962

Crozier (M.) - L'entreprise à l'écoute. Apprendre le management post-industriel, InterEditions, 1989

D'Aveni (R.) - Hyper-competitive Rivalries. Competing in Highly Dynamic Environments, Free Press, 1994

Delavallée (E.) - La culture d'entreprise pour manager autrement, Editions d'organisation, 2002

Delavallée (E.) - Transformer son organisation : Alignement stratégique & Agilité organisationnelle, Editions Maxima, 2016

Delavallée (E.) - Savoir décrypter les organisations, Editions Maxima, 2018

Descartes (R.) - Discours de la méthode, 1637 ; Flammarion, 2000

De Smet (A.), Kleinman (S.) et Weerda (K.) - "The Helix Organization » in McKinsey Quaterly, October 2019

Drucker (P.F.) – The Essential Drucker, Harper & Row Publishers, 1994

Dupuy (F.) – Sociologie du changement. Pourquoi et comment changer les organisations, Dunod, 2004

Emery (F.E.) et Trist (E.L.) – « Socio-Technical Systems » in Churchman (C.W.) et Verhulst (M.) – Management Sciences. Models and Techniques, Pergamon Press, 1960

Fayol (H.) – Administration industrielle et générale, Bulletin de la société de l'industrie minérale, 1916

Friedberg (E.) – Le pouvoir et la règle, Les Editions du Seuil, 1993

Galbraith (J.R.) – Designing Organizations. An Executive Guide to Strategy, Structure and Process, Jossey-Bass, 2002

Getz (I.) & Carney (B.M.) - Liberté & Cie : Quand la liberté des salariés fait le succès des entreprises, Flammarion, 2013

Goldman (S.L.), Preiss (K.), Nagel (R.N.) & Dove (R.) - 21st Century Industrial Enterprise Strategy: An Industry-Led View, Iacocca Institute at Lehigh University, 1991

Graiciuras (V.A.) - « Relationship in Organization » in Papers on the Science of Administration, 1937

Héraclite – Fragments recomposés. Présentés dans un ordre rationnel par Marcel Conche, PUF, 2017

Jaques (E.) – Requisite Organization. A Total System for Effective Managerial Organization and Managerial Leadership for the 21st Century, Cason Hall, 2006

James (W.) - Introduction à la Philosophie, 1911 ; Les empêcheurs de penser en rond, 2006

Javary (C.) – Yin-Yang. La dynamique du monde, Albin Michel, 2018

Johnson (B.) – Polarity Management, HRD Press, 2014

Jullien (F.) – Les transformations silencieuses, Le Livre de Poche, 2010

Kotter (J.P.) – Accelerate, Harvard Business Review Press, 2014

Laloux (F.) – Reinventing Organizations. A Guide to Creating Organizations Inspired by the Next Stage of Human Consciousness, Nelson Parker, 2014

Landier (H.) – Vers l'entreprise polycellulaire. Pour penser l'entreprise de demain, L'Harmattan, 2016

Landrieux-Kartochian (S.) – Théorie des organisations, Gualino, 2018

Lawrence (P.R.) & Lorsch (J.W.) – Organization and Environment, Harvard Business School Press, 1967

Lewin (K.) – « Field Theory and Experiment in Social Psychology: Concepts and Methods » in American Journal of Sociology, 44, 1939

Lewis (M.W.), Andriopoulos (C.) & Smith (W.K.) – "Paradoxical Leadership to Enable Strategic Agility" in University of California, Berkeley, Vol.56, N°3, Spring 2014

Malone (T.W.) – The Future of Work, Harvard Business School Press, 2004

March (J. G.) & Simon (H.A.) – Organizations, John Wiley & Sons, 1958

McGrath (R.G.) – The End of Competitive Advantage. How Keep Your Strategy Moving as Fast as Your Business, Harvard Business Review Press, 2013

Michaud (V.) – « Proposition pour l'étude des tensions dans le mouvement : la sociomatérialité et le paradoxe » in Communiquer, 2011, N°5

Milgram (S.) - Obedience to Authority: An Experimental View, Harper Collins, 2004

Mintzberg (H.) – The Structuring of Organizations: a Synthesis of the Research, Prentice-Hall, 1981

Mintzberg (H.) – The Rise and Fall of Strategic Planning, The Free Press, 1994

Mohrman (S.A.), Cohen (S.G.) & Mohrman (A.M.) – Designing Team-Based Organizations. New Forms for Knowledge Work, Jossey-Bass, 1995

Morin (E.) - La méthode. La vie de la vie (tome 2), Editions du Seuil, 1980

Paterson (T.T.) - Management Theory, Business Publications, 1969

Peters (T.J.) & Waterman (R.H.) - In Search of Excellence: Lessons from America's Best-Run Companies, Harper & Row, 1982

Prigogine (I.) - From Being to Becoming, W.H. Freeman and Company, 1980

Puranam (P.) - The Microstructure of Organizations, Oxford University Press, 2018

Reynaud (J-D.) - Les règles du jeu : L'action collective et la régulation sociale, Armand Colin, 1989

Robertson (B.J.) - Holacracy: The New Management System for a Rapidly Changing World, Henry Holt and Co. Editions, 2015

Romme (A.G.L.) - « Making a Difference: organization as Design » in Organization Science, vol. 14, 2003

Simon (H.A.) - The Sciences of the Artificial, The MIT Press, 1969 ; traduction française par Jean-Louis Le Moigne, 1974, Editions de l'EPI

Smith (A.) - Recherche sur la nature et les causes de la richesse des nations, 1776 ; traduction française, Gallimard, 1976

Smith (W.K.) & Lewis (M.W.) - « Toward a Theory of Paradox: a Dynamic Equilibrium Model of Organizing » in Academy of Management Review, 2011, Vol.36, N°2

Smith (W.K), Lewis (M.W.) & Tushman (M.L.) - "Both/And Leadership" in Harvard Business Review, May 2016

Stanford (N.) - Guide to Organization Design. Creating High-performing and Adaptable Enterprises, The Economist, 2015

Taylor (F.W.) - The Principles of Scientific Management, Harper & Brothers, 1911

Thompson (J.D.) - Organizations in Action. Social Science Bases of Administrative Theory, McGraw-Hill, 1967

Weber (M.) - Economie et société, 1922 - traduction française, Plon, 1971

Weick (K.) - The Social Psychology of Organizing, McGraw-Hill, 1969

Woodward (J.) - Industrial Organization: Theory and Practice, Oxford University Press, 1965

Worley (C.G.), Williams (T.) & Lawler III (E.E.) - The Agility Factor, Jossey-Bass, 2014

Worley (C.G) & Beaujolin (R.) - "What Bureaucracy can Teach us About Agility" in Colloque international ISEOR / AOM, 13-14 juin 2019

CPSIA information can be obtained
at www.ICGtesting.com
Printed in the USA
LVHW041707191120
672182LV00004B/622

9 781708 888053